The Direction of Dharma Drum Mountain:
Dharma Propagation Efforts

法鼓山的方向

弘化

聖嚴法師 著

編者序

實踐人間淨土的指南

佛陀在世時，弟子以佛為師，佛陀涅槃後，弟子以戒為師，佛教因此得以續佛慧命，聖教不衰。而在法鼓山創辦人聖嚴法師圓寂後，法鼓山應如何繼續擊響法鼓、普傳法音呢？

聖嚴法師曾說：「虛空有盡，我願無窮。我今生做不完的事，願在未來的無量生中繼續推動，我個人無法完成的事，勸請大家來共同推動。」《法鼓山的方向》不但凝聚聖嚴法師的悲願，更是四眾弟子修學佛道的道路，依著護持法鼓山的共願，齊心建設人間淨土。

法鼓山的由來與方向

《法鼓山的方向》原為一本結緣小手冊，出版於一九九五年，可說是當時聖嚴法師帶領法鼓山教團重點性、原則性的指示方向。如同聖嚴法師在〈自序〉所說：「這冊小書，為我們說明了法鼓山的由來及其行事的原則方向。」在聖嚴法師領眾篳路藍縷創建法鼓山後，四眾弟子便依此方向耕耘人間淨土。

「法鼓山」一名，始於一九八九年購得臺北金山的土地，由聖嚴法師將此命名為法鼓山開始。法鼓山不只是一個新建築的地名，隨著籌建過程而有了僧團、護法會、基金會，以及各會團組織的發展，逐漸形成法鼓山教團，讓「法鼓山」成為社會大眾耳熟能詳的佛教團體名稱。

法鼓山是以教育工作來完成關懷的任務，又以關懷工作達成教育的目的。因此，法鼓山為信眾、義工等單位舉辦各類教育成長課程、共修活動、讀書會活動、研習營等，皆是用佛法來做自利利人的服務，彼此支持、共同成長。只要聖嚴法師在臺灣期間，不論法務如何繁重，總是撥冗給予大眾精神勉勵，而後整理成文刊登於《法鼓》雜誌，並結集為《法鼓山的方向》書稿。讓聖嚴法師對四眾弟子身、口、意行為的殷殷叮嚀，法鼓山道風、發展方向的提點等，能以文字般若醍醐灌頂。

推動法鼓山理念的具體手冊

從一九八九年，法鼓山的創立，到二〇〇九年，聖嚴法師捨報為止，二十年之間，法師對法鼓山、弟子們的殷殷叮囑的智慧法語，猶如無盡的智慧寶藏。因此，《法鼓全集》新編小組於編輯舊版《法鼓山的方向》時，召集人果毅法師即提出，應將創辦人所有對體系成員的開示、致詞等新收文稿，整編為數冊，完整收錄創辦人對法鼓山團體的理念、創建，以及指導方針、方法。期望《法鼓山的方向》能成為四眾弟子修學佛法、護持佛法、弘揚佛法的依歸，全方位理解創辦人的理念、願心，認識法鼓山歷史與團體，實踐人間淨土的願景，並清楚法鼓山未來發展的方向。

為此，《法鼓全集》新編小組重新整編《法鼓山的方向》全部文稿，由果毅法師訂定出六冊的六大主題：理念、創建、弘化、關懷、護法鼓手、萬行菩薩。總書名定為《法鼓山的方向》，即是呈現聖嚴法師對於法鼓山發展的定位、方向。

第一冊　法鼓山的方向：理念

收錄聖嚴法師重要的法鼓山核心思想，介紹法鼓山的理念、共識、使命與願景。〈四眾佛子共勉語〉、法鼓山的共識、法鼓山的使命、心五四運動、法鼓山的四大堅持，皆是四眾弟子應牢記於心的共同理念，皆是凝聚法鼓山願心的方向。

第二冊　法鼓山的方向：創建

介紹法鼓山的創建緣起與歷程，解說法鼓山的參學與導覽，以及教育興學、分支道場。了解法鼓山的開山因緣、教育志向，以及開枝散葉的願力，更能珍惜與護持正信佛教，確信法鼓山的方向，即是此生堅信不疑的學佛道路。

第三冊　法鼓山的方向：弘化

收錄聖嚴法師在各地弘化的演講和開示，以及各年主題年的祝福與期許。主題年的勉勵法語，也成為法鼓山安定社會的一股力量。無論是法會、活動，或是文化、出版，聖嚴法師無遠弗屆的慈悲與前瞻洞見，都能啟發人們的菩提心。

第四冊　法鼓山的方向：關懷

收錄聖嚴法師的生活佛法整體關懷，包括佛化家庭、樂齡長青、臨終關懷、社會關懷，讓人們能以佛法安心、安身、安家、安業，以法鼓山的方向為人生的方向，心安就有平安。

第五冊　法鼓山的方向：護法鼓手

聖嚴法師一生「盡形壽，獻生命」，由每年的各地關懷行、成長活動，對護法會勸募系統開示，以及對僧團的期許，即能感同身受。盡心盡力為鼓手的核心精神，關懷別人、成長自己，此為推動人間淨土的重要力量。

第六冊　法鼓山的方向：萬行菩薩

收錄聖嚴法師對於各會團義工、專職人員的開示，從如何當好義工，應有的心態、身儀、口儀等，都有詳盡解說與提醒，以幫助大家成就六度萬行，成為身心莊嚴、廣種福田的人間菩薩。

每本書的策畫都是為了法鼓山的方向，都能提醒回歸創辦人為弟子們所立下的理念、精神、方針、方法。本套書以「理念」為首冊，即是因為只要偏離理念，即非法鼓山的方向，即非正信的佛教。法鼓山的方向，就是法鼓山的修行道路，就是建設人間淨土的菩薩道。

《法鼓山的方向》是聖嚴法師一生悲願之所在，是他從「願將佛法的好，與人分享」的初發心，逐步踏實的點滴成果。過程中，因有眾人的同行，得以成就法鼓山的這方淨土。因此，這套書更是他願心與願行的成就，是他帶領四眾弟子共同創建法鼓山的實際操作手冊。

這些文章開示，您可能有幸曾在現場聽聞，再次溫習將猶如聖嚴法師身影重現慈悲關懷。即使是三十年前的勉勵、啟迪，也是歷久彌新，依然能深刻感受到一代佛教導師的高瞻遠矚與開創性悲願。

成佛之道的指路明燈

此套書不但是法鼓山發展方向的依歸，更可成為每一個人修學佛法的指路明燈，讓我們以精進不息菩薩行，穩健走在佛道上。選在聖嚴法師圓寂十週年的此刻出版，也是一份對法師的緬懷與感恩。而對法師最好的感恩，就是實踐法鼓山的理念。

因此，《法鼓山的方向》除可幫助個人閱讀成長，可做為讀書會教材，也適合用於教育訓練課程的教案。如果能推而廣之，法鼓山的生活佛法，將能造福全世界，只要邁向法鼓山方向，成佛之道在眼前；只要好願在心中，當下即是人間淨土。

法鼓文化編輯部

目錄

CONTENTS

法會

文化·出版

活動

年度回顧與展望

對「菩薩成長年」的祝福與期許

——一九九六年新春賀詞

諸位菩薩：新年好！今年是一九九六年，我因為很忙碌無法親自到每一個地方向各位拜年，所以希望藉著這個錄影帶，傳達新春賀歲關懷之意。我除了祝福諸位新年快樂，同時也要向大家報告幾件事情。

去年（一九九五）是法鼓山的「人品提昇年」，也就是提倡安身、安心、安家、安業，前年我們推動「禮儀環保年」，大前年倡導「心靈環保」，今年我們將要推動的則是「菩薩成長年」。「菩薩成長年」並不是要我們把過去的放下另謀成長，而是要把去年所推動的四安運動更持續、努力地落實。

去年之中除了我親自主持的「四安」演講外，我們也舉辦了「四安成長營」活動，許多菩薩們都曾經參加過這項成長活動。但這個活動仍然沒有普遍推廣到所有的菩薩中，更沒有推廣到社會上。其實要想身心健康平安、安居樂業，並不僅只是我們法鼓山的菩薩們，而是所有的人，包括中國人、外國人乃至於全世界人類共同的期望。因此，我們是要在「四安」的基礎上，讓諸位菩薩繼續成長，而四安中的安身、安心就顯得非常重要。至於用什麼來安身、安心呢？就是用過去我們所倡導的「心靈環保」，從「精神的修養，理念的建立，觀念的改善」上著手。

同時我們在言行舉止上也要有禮貌、有威儀。讓別人在接觸到法鼓山菩薩的時候，都能感受到：這就是法鼓山的文化，這就是法鼓山的精神，這就是法鼓山的形象。法鼓山的形象是什麼呢？是：心理是健康的，生活是健康的，禮貌是周到的，人格是健全的；不但能使得自己平安、家庭平安，也能使得每個人都平安。

唯有成長自我才能影響他人，如果我們僅是期待他人成長，世界是不會淨化的；要淨化人心就一定是要先淨化自己的心，要淨化社會一定從自己先淨化起。因此我要勉勵、祝福諸位菩薩，希望你們在自己的內心、修行以及待人接物等各方面，都能有大幅的成長。此外，在各會團會員、團員人數方面，是否能夠成長雖然重要，但更重要的是人品、人格的提昇，修行、修養的成長，這才是我所期待的，也是諸佛菩薩所希望的！

最後，我再一次祝福諸位：身心平安，安居樂業，萬事如意，早日成佛，阿彌陀佛。

（刊於《法鼓》雜誌七十四期）

對「人間淨土年」的祝福與期許

——一九九八年新春賀詞

阿彌陀佛！我是聖嚴師父。今年是一九九八年，因為我沒有辦法親自到每一個地方向諸位菩薩拜年、問候、祝福，只有透過《法鼓》雜誌向諸位拜年，為諸位祈求三寶加被祝福。

今年對中國人來講叫作虎年，老虎是非常勇猛的動物，牠代表了精進不懈、勇往直前的精神。因此在這新年度的開始，讓我們一起學習老虎勇猛的精神，願我們從今以後在自己的菩提道上，以及家庭、事業各方面，只有努力往前，沒有悲觀、失望和逃避的種種心態出現，這也就是菩薩精神。

在過去的一年，國內社會和國際環境有好有壞。壞的是在經濟面有衰退的困境，在政治面有混亂的現象，在社會面有脫序的問題等等。但慶幸的是，因為大家都知道社會不安的主要原因在於人心的問題，所以，現在國內普遍地響應提倡心靈的淨化，這正是我們法鼓山的精神所在。

我們法鼓山提倡心靈環保，推動「提昇人的品質，建設人間淨土」的理念已經很多年了，可見我們法鼓山的理念已經獲得社會普遍的認同與肯定，這是令人安慰的好現象。

西方有一句名言：黑暗之後，天亮也就不遠了。今天，我們在這個比較沉悶的時代，正是推展出未來前途和希望遠景的最好時機。如果我們有決心、毅力，呼籲大家一起來，同心同願地共同努力和改善，相信我們的生活環境和品質，會一天比一天好。

去年（一九九七）是我們的成長年，今年是關懷年，由縱的關懷做到橫的關懷，由身邊的人關懷做到周遭上下的人彼此關懷。由內部的關懷做到對外、對社會的關懷，用以推動人間淨土的實現。

因此，我們展望未來，還是要繼續推動四安和四環的運動。所謂四安，就是安心、安身、安家、安業；所謂四環，就是心靈環保、生活環保、禮儀環保，還有自然環境的保護。這幾種運動我們要繼續不斷地推廣，這是完成「建設人間淨土」理念的具體工作目標。

為了在未來的一年裡，能順利地推動這些目標，所以我們在今年元旦推出了「法鼓大悲願，持誦千萬遍」活動，希望全國乃至於全世界能夠響應，人人都持誦〈大悲咒〉或者是觀世音菩薩的聖號，藉著觀世音菩薩的慈悲願力，給我們力量、給我們信心，讓我們能順利地達成所希望達成的願望和目標。但願我們大家都能因持誦〈大悲咒〉或聖號而心心相應；人人學做觀世音菩薩，彼此關懷、相互勉勵、守望相助，如此我們的家庭、我們的健康、我們的生活環境，以及我們的社會、國家和世界也就能夠平安和樂。我們希望這個活動給我們帶來無限的希望、無窮的光明。祝福大家，阿彌陀佛！

（刊於《法鼓》雜誌九十八期）

對「祝福平安年」的祝福與期許

——一九九九年新春賀詞

我是聖嚴師父，大家好！我在這裡向諸位拜年，祝福大家新春如意。今年是一九九九年，春節是我們華人非常重視的節日，我沒有辦法到每一個地方向諸位說聲「恭喜」，所以利用《法鼓》雜誌向各位恭賀新春愉快！

我們中國人都相信春天到了，就是喜氣到了，也相信春天就是萬象更新的先兆，去年的一年已過去，今年新的希望又來了。去年我們究竟成長了多少，或者犯了多少過失，已經是去年的事，但從今年開始，我們應該重新往前。所以我們中國人一向把農曆新年的除夕夜，當作一個段落的結束。然後過了除夕夜，到了第二天凌晨子時開始，就是新的展望來臨。

通常，一般人的習俗在過年的時候會大吃大喝一頓，好好玩一下，以慰勞過去一年來的辛苦，也可以和家人團聚，歡樂一番，享受所謂的天倫之樂。可是對身為佛教徒的我們來說，尤其在今天這個時代，平常吃的、喝的，以及住的環境已經可以過得去，實無必要在新年的時候，再來大吃大喝及大玩一頓。這樣只是使身體多累一點、錢多花一些；也許在精神上好像調劑了一些，但仔細深思後，並沒有任何實質的成長。

所以，做為一個佛教徒或者法鼓山的菩薩，我希望大家能夠推動心靈的環保、禮儀的環保、生活的環保以及自然的環保。在這四種環保運動的原則之下，我們在過年期間正好可以藉機練習一下，不製造髒亂，並徹底地將自己的內心清淨一番，多念佛、多拜佛、多感恩，或是多勸人家多念佛、多拜佛、多感恩，或是多找幾位菩薩來共同推廣法鼓山的理念，使我們的社會更祥和、更清淨、更安樂，使我們的人心更穩定、更安全，這才是最有意義的事，所以祝福大家在新年期間不是因為吃喝玩樂而覺得快樂，而是在新年之中，能夠做新的功德，以及開展新的人生旅程，那才是對我們非常有用的事。

因此，在新春當中，請大家一方面保重自己的身體，一方面對家人要好好地照顧。平常若無機會到寺院裡去，可以在新年期間到寺院中禮佛、共修，或在家裡安安靜靜地念佛、拜佛或是談談佛法、看看佛書，這比做任何事情都好。新的一年從第一天開始，一直到一九九九年除夕夜為止，又是另一年的過程。好的開始就是成功的一半，諸位菩薩若在新春一開始，有好心情，自然身體好；過年時候，若有好心情，一年裡都會平安。因此我在這裡祝福大家平安、快樂、健康、幸福，阿彌陀佛！

（刊於《法鼓》雜誌一一〇期）

大好年——說好話，做好事

明年（二〇〇二）是法鼓山「大好年」，我們要推動「好話大家說，好事大家做；大家說好話，大家做好事」的運動。

中國人有句俗諺：「好事不出門，壞事傳千里。」這是因為中國人向來謙虛，為善不欲人知，所以社會上幾乎很少傳誦好事，反而是壞事滿天下。尤其極度強調個人自由的現代社會裡，媒體更是競相報導惡行醜事來刺激發行量、增加收視率，造成大家憂心忡忡，普遍瀰漫著悲觀、憂慮的情緒，以為社會風氣敗壞、人心墮落，已到無法挽救的程度，事實上未必是如此。

讓好事、好話傳播人間

為了扭轉這樣的社會風氣，所以我們發起了這個運動，鼓勵大家宣揚他人的善行，也與人分享自己做好事的心得，讓好事、好話在社會到處傳播，讓人間散發出溫情。

一般人很少傳誦法鼓山這個團體中的好人及好事，也不知道加入這個團體有什麼好處，只知道那裡有個聖嚴師父，這是因為我們不太會把自己及團體中所發生的感人故事說給人聽，也不會把自己學佛的好處與人分享。

不管大家當初是為了什麼因緣來到法鼓山，如今大家既然有心參與我們的團體，就表示法鼓山是值得奉獻的地方。但是一旦有人問起我們團體有什麼感人的好處時，大家不是答不上來，便是一時間想不出來，讓人覺得參加這樣的團體沒有好處，無形中對我們的團體造成負面的影響。

其實加入了法鼓山的菩薩們，不僅每一位都有自己的故事，每天或多或少也會見聞到一些感人的故事。有人因為感念我們的關懷而加入法鼓山，有人因為參與關懷的服務而受到感動，也有人是在觀念上遇到瓶頸，接觸法鼓山以後，用佛法轉變了自己的觀念而解決了問題。例如曾有瀕臨離婚邊緣的夫妻，進入法鼓山後重修舊好；也有人陷在恐懼、失落、愁苦的困境中，因為接觸到我們的團體之後，重新燃起生命的光明希望。

好事、好話永不嫌多

我們團體是有很多這樣的故事，今天我們提倡大家說好話、做好事，就要將自己的好事講給人聽，也將別人的好事講給更多人聽，使得溫暖遍滿人間。

個人的好事，是指你如何用佛法來調整自己的觀念或行為，使自己的身、口、意三業愈來愈清淨，讓自己遠離煩惱，得到法喜法樂，進而影響家中的成員及工作場所的同事。團體的好事，指的是法鼓山對社會乃至全世界所做的啟蒙運動，對人心的關懷與慰勉。

除了在各種場合上與大家分享，也可以投稿《法鼓》、《人生》雜誌，說好話、做好事，目的不是要向人誇耀自己的能力才華，而是將我們自己的成長過程和開拓心胸的經驗與人分享，一方面自我勉勵，一方面讓人借鏡學習。

如果有人不善於寫作，可以請他人幫忙寫下來投稿，或是請法鼓文化的記者來採訪報導。我們要多多發掘、報導這類朝向光明和快樂的好事，從我們自己開始做起，希望也能影響社會，讓大家都說好話、做好事。

（二〇〇〇年八月十日，講於北投農禪寺專職菩薩精神講話，李淑貞居士整理）

大好年

「大好年」是法鼓山二〇〇一年的年度主題，推動「好話大家說，好事大家做；大家說好話，大家做好事」，鼓勵大家把自己令人感動的故事與大眾分享，而別人的故事也要彼此分享。分享別人的好話，即為好事；將好事化為語言，即為好話。

說好話不等於自我吹噓，而是分享讓自己感動，調整身心的過程和體驗。佛陀也是將自己離苦離樂、得解脫的經驗分享給別人，這就變成了讓我們受用不盡的佛法。當年若沒有佛陀發起菩提心，將自己悟道的體驗和方法分享出來，我們今日就沒有佛法可用，所以，當年佛陀的說法也即是「說好話」。

因此，我們在分享自己的成長故事，不是在吹噓、讚歎自己，而是分享自己如何用佛法解決人生的困厄，把自己離苦得樂，化解煩惱的經驗分享給別人。其目的是在提供給別人參考，幫助別人也能運用佛法化解自己的問題。說好話的好處，對自己而言，是種勉勵，使自己不再陷入困境；對他人而言，則是一種期許，幫助他人不會陷入困境。

其實，我們團體有許多值得分享的動人故事，卻很少彼此提出分享。這是由於大家不但不善於講出來，也來自於「謙虛」的觀念，認為講出來，很容易落入沽名釣譽。但也由於如此，往往造成好事漸漸不說了；但遇到壞事，卻能傳千里。這種「好事不出門，壞事傳千里」的現象，大眾對團體、社會、國家容易造成失望，也容易產生混亂、道德淪喪和敗壞。

我們要扭轉這種風氣，首先我們要先發覺最讓自己感動的事，並將值得讚歎，具有正面意義的故事與社會大眾分享。

我們法鼓山要推行這個運動。不但要在僧團中，師兄弟之間推行，居士菩薩之間，也應如此。其實，法鼓山天天在幫助別人，例如「法鼓山安心服務團」每天都有故事，都是值得分享的。

人生的過程，都是一關一關在過，只要能夠運用佛法，用佛法化解煩惱，即是成長。這種成長過程，即是「好事」，若能用如此的心態來面對人生的過程，那麼，即是天天在面對好事了。

不要怕將自己的故事告訴別人，人生會遇到困難是正常的，重點在於如何化解，如何安住，如何對佛法充滿希望與感恩，因為，人往往是從逆境、煩惱境中轉為光明境，若是凡事都要師父解決，自己就不會成長，這是寶貴的經驗，告訴別人自己有煩惱並不可恥，反而若渾身都是問題，看起來才是可憐兮兮。如何「轉逆境為順境，轉困境為光明境，將苦惱轉為喜悅」，這就是修行。

但若是有人向你發牢騷、吐苦水時，怎麼辦？這時要做無底的垃圾桶，光明的反射鏡，自己不要受到影響，並告訴他要「面對它、接受它、處理它、放下它」，這是最簡單、最好用的方法。

（二〇〇〇年九月十三日於法鼓山僧團安居間之午齋開示）

二〇〇一年新春賀詞

進入二〇〇一年的全新年度，我無法親自到各地向每位菩薩拜年，在此祝福大家新年快樂，恭喜新年好。

進入新世紀的一年，除了祝福之外，更祈願大家都有個「大好年」。這是法鼓山今年推出的年度主題，期望每一個法鼓山菩薩能從自己內心出發，在身、口、意三業上落實「好」意，大家一起來說好話、做好事、轉好運，共同營造一個大好年。

一個人如果在觀念、生活方式上沒有改變，語言和行為也沒有改善，那麼所謂的新世紀、新年代，對個人並沒有太大的意義；重要的是能夠有新展望、新心願、新出發，一切從新開始。

說好話、做好事的意義很廣，與別人分享成長的故事，或是自我檢討，都可以說是好話、好事。例如分享加入法鼓山行列之後，個人在觀念、語言、行為上的改變，人品的提昇，以及如何增進家庭的和樂，並進而對社會也產生影響力，這些過程的分享，都是做好事。

分享自己的成長故事，或是傳遞別人的成長故事，不只是說好話，也是在做著好事，如果人人都如此，將能營造出一個好環境，我們的因緣也會進而轉變。

所謂自助而人助、人助而天助，如果只是一味地祈求佛菩薩的庇佑，而不從自己內心如實地去做，是無法改變因緣的。佛經裡有一個故事，大意是說有一個人掉落井裡，在裡面喊救命希望獲得解救，井邊的人拋了一條繩子給他，但他卻懷疑繩子的功能而遲遲不願去拉，最後還是沒能被救上來，這告訴我們一定是先自救，而後才能他救。

過去，在農村社會中，若能豐收就是好年景，但是，一分耕耘一分收穫，在新的一年，希望每個人都能有好年景，家庭和諧、社會平安、事業順利、生產豐富，但這一切都要從自己做起。

（二〇〇一年二月四日）

二〇〇二年新春賀詞

——幸福，掌握在我們的心中

阿彌陀佛！在這裡跟大家說一聲：新春快樂！新年如意！

在去年一年之中，臺灣及國際社會天災人禍不斷，整個世界的經濟景氣也不斷下滑，一連串的事件，使得人心惶惶。然而，畢竟都已經過去，回顧這一年之中，我們也有許多的成長，例如，我們參與救災工作，不論是在臺灣本島，或者是美國九一一事件之後的慰問工作。參與者無論在心性、觀念及人的品質方面都提昇了。

有一句話說「多難興邦」，也就是說，環境的困難，反而使得我們成長，把我們鍛鍊得更成熟，讓我們學習更豐富、更充實。對佛教徒來說，菩薩的修行，就是在受苦受難和救苦救難之中完成的。所以去年一年，大家都是萬行的菩薩，都在行菩薩道，在菩提道上又成長了。

面對新的一年，還是有許多的事情要面對，不管是好事、壞事、逆境和順境，我們都應當視為修行菩薩道的增上緣。因此不論經濟會更好或者更壞，都不會影響我們心理的健康和身心的平安。

我們常常講：「心安就有平安」，法鼓山提倡的「四安」運動，就是從「安心」開始的。「安心」之後，就能夠「安身」，也才夠做好「安家」、「安業」。

面對新的一年，我們要用慈悲來看待一切的眾生，為一切眾生做奉獻；同時用智慧幫助自己，調整自己的心態，就不會陷入困境或是煩惱的痛苦之中，如此一來，今年就會是大吉大利、歡歡喜喜、快快樂樂、非常幸福的一年。

幸福，是掌握在我們自己的心中，而不是受環境的影響。而且，如果我們每個人心中有幸福、有快樂，就能夠影響周遭的人，讓他人也能夠感到幸福和快樂。這就是法鼓山所說的「提昇人的品質」，然後就能「建設人間淨土」

了。希望今年是真正的大好年，大家做好事、說好話，然後轉好運。

（二〇〇二年二月五日）

二〇〇三年新春賀詞
——福慧平安過好年

諸位菩薩，在這裡向諸位拜年，祝福大家二〇〇三年有個大好年。

今年是法鼓山的「福慧平安年」，希望大家都能夠福慧增長，得到平安，修福修慧，有福有慧。

福慧雙修，平安如意

如何修福？首先從知福、惜福、培福、種福做起。所謂惜福，就是不要浪費，不該用的，或是可以少用的、可以不用的，就盡量少用或者不用；已經用過的東西，盡量重複使用，保護我們的生活環境及自然資源，避免破壞。而培福、種福，就是多結善緣，無論是以時間、心力，或是財力、物質，為我們的社會多一些奉獻，對環境多付出一分心力，就是布施。布施的人必定有福。

至於該怎麼修慧？就是少一些心理上的矛盾衝突，與生活環境裡的人、事少一些摩擦，遇到任何狀況的時候，用「面對它、接受它、處理它、放下它」的觀念來處理，這樣就是有智慧了。如果能夠修福修慧，成為有福報、有智慧的人，就一定會有平安。

當我們自己有智慧，其他的人也會跟著有智慧；我們自己修福報，其他的人也會一起有福報。

我們去年推動「大好年」運動，但去年一年之中，整個世界的情勢並不好，東歐、中歐地區發生大洪難，亞洲的阿富汗有大地震，還有許多地方傳出旱災，也發生多起恐怖攻擊事件。根據統計，去年全世界因為天災人禍所造成的財物損失，多達一百五十億美金。對臺灣來講，去年在政治、經濟及社會許多方面也不是很好，但我仍然要說，去年是一個大好年。

為什麼呢？因為我們這個團體做了很多好事。去年新春前後，我們在三義心靈環保教育中心辦了好幾場大專禪七、禪修營以及菩薩戒活動，人數都在一千人以上。同一時間，我們也在農禪寺舉辦皈依典禮，也有一千多人參加；到了下半年，皈依人數達到了二千五百多人；我們的護法總會去年發起一項電話關懷活動，增加了十萬信眾來護持法鼓山。一年之間，十萬人的成長數字，創下了新的紀錄。

心靈環保推動更上層樓

因此，儘管去年的景氣不好、經濟蕭條、失業人口增加，然而法鼓山對於社會的關懷並沒有減少，而社會大眾對法鼓山的向心力，也是有增無減。儘管我們自己缺少經費，可是仍全力進行各項社會救濟和教育的工作，除了繼續從事災後人心重建工作，也做了不少對於貧病的關懷。同時我們也對國際社會付出奉獻，捐款援助阿富汗震災。

去年一年，我個人則是參加了好幾次非常有意義的國際會議，一個是在紐約舉辦的世界經濟論壇（WEF）會議，這是世界經濟論壇成立三十多年以來，首次邀請宗教界領袖參與，我是唯一受邀的佛教領袖。我在經濟論壇提出「心靈環保」以及基本教義的問題，受到與會人士的普遍認同。此外，我也參加了在泰國曼谷舉行的世界宗教領袖理事會（The World Council of Religious Leaders），被大會推選為理事會的主席之一，也是大會唯一的佛教領袖。當時會場有位《地球憲章》（*Earth Charter*）的理事，同時也是位猶太教的牧師，對我提出的「心靈環保」觀念非常欣賞，去年十月於南非約翰尼斯堡召開的地球憲章大會中，他便提出了「心靈環保」的議題。可以說，我們提倡的「心靈環保」運動，已經從國內推廣至國際社會。

而在國內，我也接受了好幾次意義深遠的演講邀請，首先是總統府的月會演說，講題是「心靈環保」，包括總統、副總統、五院院長等中央政府各部會的高級首長都到場參與。在那次演講後，政府各部門都希望邀請我去演講，由於時間不允許，只能選擇兩場，一個是在國家安全局的演講，另外一個是在國防醫學院，這兩場演說，對於我們國家的安全及醫護人員的心理建設，都有很大的幫助和影響。

而去年九月，在九二一大地震三週年紀念日，我們分別在臺中、臺北舉辦「心靈環保全民博覽會」，臺中有二、三萬人參加，而臺北也有數萬人參加。非常難得的是，天主教單國璽樞機主教也出席在臺北的活動，這是到目前為止，樞機主教與國內宗教界領袖唯一的一場公開對談，非常具有歷史性意義。

以推動漢傳佛教為使命

由於我在推動漢傳佛教的復興運動，因此，我所寫的《天台心鑰——教觀綱宗貫註》一書，去年榮獲了中山學術基金會的學術著作獎。所謂「漢傳佛教」，就是中國佛教之中屬於漢文系統的佛教。近半個世紀以來，中國的佛教徒似乎對漢傳佛教失去了信心，認為漢傳佛教好像是沒有用處的。其實，漢傳佛教是最有適應性、最有開創性、最有彈性，且最有消融性的宗教，而這正是現在世界的佛教所需要的。

漢傳佛教並不呆板，而是非常活潑的。我除了提倡中國的禪宗之外，在義理上也提倡天台學，因此出版了《天台心鑰》這本書。一九九三年，我也曾經以《聖嚴法師學思歷程》一書，榮獲中山學術基金會的「傳記文學獎」，去年則是獲頒「學術著作獎」，這是佛教界第一次的獲獎，對漢傳佛教是一大的鼓勵。這也表示，我們的方向是非常正確的。

法鼓大學即將啟建

我們的榮譽董事會，也有很大的進步。去年九月二十八日，我們舉辦了「超越二〇〇〇，邁向三〇〇〇」的活動。所謂「超越二〇〇〇」，就是希望榮譽董事的人數，能一舉超過兩千人，結果在活動舉辦以後，不僅榮董人數超越兩千，而且人數還快速地成長，現在正朝三千位目標邁進。在臺灣景氣非常低迷、經濟非常蕭條的狀況下，還有這麼多人願意來支持我們法鼓山的教育事業，這是非常難得的。在這裡除了向諸位報告之外，也要深表感恩。

法鼓大學即將開始興建，在這之前，我們已在金山鄉創辦法鼓大學的社會大學，邀請社會大眾一起參與終身學習，得到的反應非常好。社會大學在今年年初就要開學了，這也是我們在去年的進步。

至於法鼓山的工程建設，大殿已在去年九月舉行上樑安寶大典，而女寮工程也已經拿到了建築使用執照，即將可以進駐。還有，我們將要開辦一個「出家體驗營暨僧才養成班」，這也是法鼓山的新開創。

此外，去年十月，我們曾經有五百人到大陸進行十四天的佛教古蹟巡禮，途經六省，參訪二十七所叢林建築和寺院道場，也拜訪了當地的諸山長老，受到非常隆重的禮遇和接待。我們把臺灣佛教的訊息、法鼓山的禮儀環保、心靈環保、自然環保和生活環保的四環觀念帶進了大陸，讓大陸佛教界以及與我們接觸的人，覺得耳目一新。

捐贈四門塔佛頭獲肯定

去年十二月，我們捐贈了一尊隋代的古佛頭像給山東四門塔。這尊已經有一千四百年歷史的佛像，在一九九七年被竊盜之後流落海外，輾轉被臺灣商人買回，後來由法鼓山的信眾買下，準備捐給法鼓山將來的佛教歷史博物館收藏。然而，基於重視環保及保護古文物的理念，我們決定把這尊古佛頭像無償地捐贈回去。在我們的政府及法鼓山信眾的全力支持下，非常順利地圓滿了，我也特別護送古佛頭像回去大陸。由於我們友善的態度，大陸非常感謝我們，對於來自臺灣二千三百萬民眾的祝福，他們也非常地感動。

這樁美事除了引起大陸媒體全面地報導，臺灣媒體也做了大篇幅報導，而國際社會也非常重視。譬如，美國的《西雅圖時報》（*The Seattle Times*）及《紐約時報》（*The New York Times*）都有大篇幅的報導，《紐約時報》還對我進行了一個半小時的訪問，並在一月八日的報上刊登一頁多的篇幅。這是近年來《紐約時報》對臺灣少數的正面報導，而且這麼大篇幅的正面消息，幾乎未曾有過。可以說，對於國際及兩岸之間的互動，產生了很大的貢獻。

去年是「大好年」，而今年我們以「福慧平安年」做為年度的關懷主題，但並不是表示我們一定會平安。在此告訴大家，我們要有危機意識，在事情尚未發生之前，就要做好未雨綢繆的準備。假如我們經常大意、不小心，那麼我們的身體就不會健康，家庭不會和樂，事業也不會順利。如果能夠未雨綢繆，居安思危，就一定能夠平安。

娑婆世界是一個多災多難的地方，不論經濟、政治的狀況是好是壞，我們就是居住在一個經常有苦難發生的世界。但是，如果我們能夠用「心靈環保」和「心五四」的觀念、方法，那麼我們隨時隨地都會是平安的。但願我們把「心五四運動」推廣出去，那麼我相信今年必定是個「福慧平安年」。阿彌陀佛，祝福大家。

（二〇〇三年一月二十二日）

二〇〇四年新春賀詞
——和喜自在迎新歲

阿彌陀佛，大家新年好。

很快地，我們法鼓山已經進入第十五年了。每年我們都會恭喜大家，彼此之間也互相恭喜，恭喜我們大家又成長了。

今年是二〇〇三年，走過這一年，明年就是二〇〇四年，也就是我們法鼓山從一九八九年開始，已邁入第十五個年頭了。法鼓山在這十五年之間究竟有一些什麼成就？相信跟著我們一起成長的菩薩們都滿清楚的。

國內國外不斷肯定

就我個人而言，在這十五年之間成長得滿多的。譬如，到現在為止，我個人得到全國性的獎項，已有十二個，尤其在今年（二〇〇三）我榮獲了「總統文化獎」五個獎項中的「菩提獎」，這在臺灣是最大的、最高的獎項；去年也以《天台心鑰》這本書得到了「中山學術著作獎」，這個獎項在臺灣，是學術界最高的獎；而在大前年也得到由文建會頒發的「終身文化貢獻獎」，這在臺灣也可以說是最高的獎，凡是對文化工作貢獻已經到了頂點的人才得到的獎項。今年獲頒的「菩提獎」，並不一定是頒給佛教徒的，也不限定是宗教師，此獎是頒發給在國際上有貢獻、有影響力的對象，是指能夠提高臺灣在國際上的能見度，除此之外，還要能夠具有世界性的影響力，可能是我做了幾件滿好的事情。例如，我受邀出席了聯合國千禧年的宗教領袖和平大會（Millennium World Peace Summit of Religious and Spiritual Leaders）、世界經濟論壇，接著又成為世界宗教領袖理事會的主席團之一的主席；去年，我們護送阿閦佛頭返回大陸，這件善舉，不僅受到大陸非常地重視，幾乎大陸全國的媒體都大篇幅且持續性地報導，對大陸的影響相當地大，因此聯合國的教科文組織（UNESCO）特別寫了兩封信給我，也可說是產生了國際性的影響力。

另外，我將法鼓山「心靈環保」的理念推廣到一個世界性的組織《地球憲章》，在《地球憲章》的大會上提出，加入他們的內容中；目前我正在支持一個世界性的倫理計畫，討論世界心靈倫理的建構，如何能夠使世界的現代人有一個新的倫理供依循，因為舊倫理已經使得很多人厭倦，而新倫理究竟是什麼？我相信在臺灣有這個問題，世界各國也同樣存在著，因此我參與支持這項活動，投入的經費並不多，但影響力相當大。我想告訴諸位，這個計畫就是以心靈環保為主軸，採用心五四運動為主題，做為架構來討論，現在這項計畫已規畫一年多了，這是我要向大家報告的。

我做事不是為了要得獎，也從來沒想到要得獎，綜合以上的各項因素，所以今年我得到總統文化獎的菩提獎，我並不覺得自己有什麼大光榮，反倒是覺得我們法鼓山團體已被社會國家所肯定。如果沒有你們諸位菩薩在背後給予支持、給我力量，做我的靠山、背景，我個人什麼事情也做不出來。今天我能夠有這些影響力，都是法鼓山體系內每一位護持菩薩的功勞。不論是用財力護持、用智慧護持、用時間體力護持，或者是用你們的社會資源來護持，都是我的資源，使得我能夠得到這麼多的獎項，這是我個人要跟諸位菩薩所共同分享的。

各地道場陸續規畫興建

我在二〇〇三年這一年之間的確是非常地忙碌，忙些什麼呢？我到過日本、莫斯科、以色列，到大陸兩次，在美國至少每年會有兩次往返，甚至有時候是三次，事實上今年我到美國有三次了，為了高雄紫雲寺老住持演禪長老尼的往生，我特別返回臺灣一趟，隨即又回到美國。

在今年這一年度，我晉山紫雲寺，在高雄地區，我們有了一個比較大的、固定的、永久性的道場，同時在規畫中的，還有臺東的信行寺，已從二〇〇三年下半年開始動工、興建，預定到明年就可以完成建設；另外，我們在桃園的齋明寺，除了古建築的整修，也有加建工程的規畫，正積極地推動中。

還要向諸位報告一個好消息，臺北北投的農禪寺，是我的師父東初老人遺留下來的農地，在法律上的合法性始終沒有獲得解決，因此，農禪寺雖已成為世界性、國際性的一個佛教的道場，可是在臺北市政府登記的卻是神壇！說來真是有趣。到今年，已經受政府承認獲得寺廟登記，正式成為臺北市的一座合法的寺院了，同時也加入了臺北市佛教會的會員，這個也是我們今年度的一大突破。

另一個要向諸位報告的是，在美國，我們的象岡道場，在今年也有一大突破。原來的象岡道場只有禪堂、齋堂及辦公的空間，並沒有寮房，而我們從二〇〇三年下半年，開始積極規畫加建寮房，這兩棟寮房可以容納八十人來修行，而這些寮房是規畫一個人一個小房間。可以說共有八十個小房間，再加上衛浴設備、公共的活動空間，這是一個相當有規模的兩棟宿舍，這個也是我們今年度一個大的成果，到了明年（二〇〇四）二月份，象岡道場的寮房就可以完工了，屆時，歡迎諸位菩薩們到美國時，不要忘記順道到象岡道場看一看，許多人到了象岡道場都非常地歡喜，此地有山、有湖，還有上百種的動物，是個環境非常好的地方，特別是到了秋天，飄落遍地的紅葉，就像人間的仙境。

法鼓山教育園區逐步成形

另外我也想向諸位報告，從去年開始，我們僧團規畫興辦了「出家體驗班暨僧才養成班」，招生的第一期，已將屆滿一年了，現在已招收第二期；還有僧伽大學，已經招生了三屆，到明年度是第四年了，到後年二〇〇五年時，僧伽大學會有第一批的畢業生，而出家體驗班的菩薩們，都非常地優秀，他們預定是兩年的時間會畢業，第一年是在學習、練習，第二年成為出家眾接受僧才養成教育，因此我們法鼓山上的出家眾人數會逐漸增加，而且他們的水準、素質和道心也都非常地堅定、非常地好。這也是值得向諸位報告的。並期盼大家鼓勵優秀青年來出家。

此外，女寮已經在二〇〇三年完成，僧伽大學的女眾學僧以及體驗班的女眾，都已經進駐女寮，將來一批一批的女眾也都會住進女寮，當然，有一部分的女眾義工菩薩也可以進駐女寮。另外，至二〇〇三年年底為止，山上的大殿建築已經完成，就可以進行內部的裝修工程；到二〇〇四年的春天，禪堂也可以完成。如此，預計經過一年時間的規畫與裝修，及周邊景觀的整治和建設，到二〇〇五年的時候，法鼓山就可以舉辦開幕，或者是開光，或者是落成等活動，現在還在規畫中，它就是一個典禮，這是向諸位菩薩做的預告，到那時候我們法鼓山的第一期工程才算真正全部完成。

第一期工程完成後，接下來就是第二期工程的進行，而我們在二〇〇四這一年舉辦任何一項活動，都是朝向二〇〇五年全山落成的前階段做籌備。落成大典並不僅僅是邀請許多人來山上看一看、熱鬧一下，然後就沒有事了。二〇〇五年的活動，實際上就是我們全山運作的開始，就是從二〇〇五年展開永續性、永久性的營運。法鼓山整體啟用的時候，也就是落成的時候，任何一項活動都有它的將來性、持續性，且會有周邊相關的互動性。我們是在落實整體性的「提昇人的品質，建設人間淨土」的心靈環保。我們所辦的是三大教育，在山上舉辦的任何一項活動，其目的都是相同的，具有任務與目的。在二〇〇四年這一年，我們將非常地忙碌。但我相信大家會忙得非常快樂，為什麼呢？因為這是我們的一個大好希望啊！在二〇〇五年法鼓山第一期工程完成了。我們能夠看到法鼓山真正地開始營運，它是我們全體大眾經過十五年時間的努力、奉獻，經過十五年的期盼與運作，終於有了結果出現。

雖然由於我聖嚴師父的智慧不夠、福德不夠，致使法鼓山建設延宕了那麼久。但是，要請大家諒解，我們並非故意這樣延宕的。延宕的原因繁多，有的是天災，有的是法令，而法令和天災又有關聯；還有，在預期中的與實際上發生的狀況有許多的落差。但這十五年對我來說是值得的，因為在這十五年之中，我們法鼓山從一種構想，到一種事實的呈現，我們山上的每一棟房子，甚至是每一片磚瓦、每一個門窗、每一塊地板磚，每一個地方、每一個角落，不論是形式、顏色、功能、動線等等，都是經過我們一次一次地開會修正，並不完全是我自己所想出來的。我提供原則，而許多專業的技術，都借重許多的顧問與菩薩們共同來幫助，因此總算有了這個成果。

這個成果得來很不容易，但是我相信只要任何一個人到了法鼓山，就感覺到法鼓山的確是與眾不同，我們並不僅是想建一棟房子而已。法鼓山完成之後，我相信任何人上山來，一進入法鼓山的境內，就能產生境教的功能。所謂境教是指進入這個環境，就會體驗到所謂人間淨土是什麼，就能夠體會到清靜的心靈是什麼，就會體會到智慧和慈悲是什麼，因為我們不僅是為了起房子，法鼓山是有生命的、是有精神的、有靈魂的。而且在周邊的景觀，我們很用心一項一項地完成。景觀不僅僅是為了觀光、供人旅遊的，這些景觀都是能夠讓我們沉澱身心、好好地體驗自己、體驗環境，進而體驗到我們這個世界的整體性，我們跟其他的人是一個生命共同體，當我們體驗到這些時，就是我所期盼的境教。

希望法鼓山能達成這樣的效果，這個還在努力之中。將來是不是真正地能有這樣的功能、成果出現，我本人現在不敢有百分之百的把握。假如還不夠的話，請諸位菩薩上山以後給我們指教，再好好地改善，以上是向諸位報告二〇〇三年全年度的狀況。

迎向和喜自在的一年

接著，要向諸位報告的是，法鼓山在二〇〇四年度的主題是「和喜自在」，請大家不要把它當成是一個春聯來看，也不要把它視為是一個符咒，更不要把它當成僅僅是一個吉祥物來看，沒有錯，這句是吉利的、吉祥的話，但我們希望這四個字，是大家能夠都照著去實踐的，這個「和」是指要和樂、要和諧，請問是誰跟誰和？是我們自己要跟自己和，自己不要跟自己矛盾、不要跟自己衝突，自己的內心不要矛盾衝突，自己跟自己要和諧，自己與其他的人也要和。通常的人總是希望別人跟我們和，實際上應是我們自己要跟他人和，和的方式是指我來配合你、我願意來傾聽你、我願意來協助你、我願意來為你服務，甚至我是為你而活的、我是為你而存在的，若能如此，不論誰與誰之間，就一定會快樂，這就是喜悅了。

如果彼此不和，我們自己不願意跟別人和，只是希望別人跟我們和，和的機會就是很渺茫的了。自己和了之後，要跟另外的人和，在家庭跟家人和，在工作職場裡有同事、部下或者是上司，在社會上與我們有關係、有接觸的人，我們都是用「和」來跟他們相處。

諸位一定聽說過「家和萬事興」，也聽過「和氣生財」，這兩句大家都會講，但是，跟他人接觸時，就會生氣而不是和氣，那就會生不了財囉，如果在家裡不和，而想跟他人和，這是不可能的事。我們希望家庭中先和，就是夫妻和、跟自己和、跟兄弟姊妹和，家族之間要和。提到「家和萬事興」，我們法鼓山是一個大家庭，大家都說師父是法鼓山的大家長，既然我是你們諸位菩薩的大家長，那每位菩薩是不是就是兄弟姊妹呢？因此我們互稱為師兄、師姊。

我對任何一個人，都視為自己的家人，因此我們內部一定要和，然後對外也要和，我希望從現在開始，請諸位菩薩，一定要記住：一定要和。當你生氣的時候，你就想，嗯，我應該要和的啊，怎麼生氣了呢？生誰的氣呢？生自己的氣就是說我自己跟自己的不和，生別人的氣表示跟別的人不和，不論人家對錯，對的，你很感謝他，錯的，你就原諒他、諒解他、包容他，然後再轉變他，這就是你的「和」了，用「和」是一種最好的辦法，絕對不要起衝突，衝突是最糟糕、最不好、最沒有智慧的辦法。

「喜」，就是歡喜，如何歡喜啊？我們在學佛，運用心靈環保、心五四運動，覺得實在是太難得了，所以說我們太歡喜了。能夠和氣的人就一定能歡喜，也就是法喜充滿。過年的時候都會互說：大家恭喜、恭喜你，恭喜什麼啊？恭喜發財，要和氣才能生財，如果你不和氣，卻恭喜人家發財，財是不會來的。所以一旦要生氣的時候，一定要馬上想到要和氣、不要生氣，首先須從我們自己做起、從家庭做起、從我們法鼓山團體做起，不論哪個人彼此之間，如果缺少「和喜」兩個字，都要自己好好地慚愧，要好好地懺悔，且把它改變過來，你就能夠感動人。

我們不是要感化人，而是要感動人，用什麼感化自己呢？用「和喜」兩個字感化自己，能夠感動人、感化自己，就能得自在。一個是心的自在，一個是身的自在，我們人與人之間相處得和諧時就會快樂，就能得自在。「自在」的意思是指不會受到困擾，這就是自在；雖然有人做錯了事，做錯事的人是很可惡的，好像希望整他一下、罵他一下或恨不得揍他一下，但你罵他、揍他、恨他，並沒有用處，而是要感動他，這股力量才是最大的。你感動他以後，他也和，他也喜，你也和，你也喜，然後彼此都能自在，你自在，他也自在。自在的意思不是放肆，而是我的內心不受困擾的影響，不被困擾，不管是什麼狀況出現，都能用慈悲、智慧來處理，用慈悲來對待人，用智慧來處理事，那就自在了。祝福大家這一年和喜自在。

實踐「自我提昇日課表」

另外一項是我們現在正在推廣的，是由師父我聖嚴，花了半年的時間，思考、規畫而設計出來的，這裡面是什麼內容，原則上就是我們法鼓山理念的推廣，也就是法鼓山的產品，法鼓山的產品大家都知道，就是「心靈環保」，以心靈環保為主軸，有心五四運動、二十句共勉語、四種環保，這些已經推出滿久了，心五四運動推出已經有五年了，但是其中只有少數的人，少數幾項，我們自己會念，其他的可能記不得。現在已設計出一個實際的表格，每天都能夠運用它，這張「自我提昇日課表」是專為法鼓山的會員們製作，供使用及推廣的。

表格的內容，就是四種環保、心五四運動、〈四眾佛子共勉語〉，以及持咒、拜佛、誦經等等，或者你做了其他的什麼事，都可填寫。這張表是一個月份，每一天有一格，譬如，現在是一號，這個是年度與月份，這個是某某年某某月，譬如說二〇〇四年元月是填在這裡，這個是實踐者的姓名，這裡還有一個共勉者，共勉者愈多愈好，例如我們有一個小組，在家庭裡有三個人、有四個人都是你的共勉者。在一個月之後，你拿這張表，在家裡召開家庭會議，我做了什麼，你做了什麼，大家已經做了多少，我這個月做得好不好？做好了是什麼原因怎麼做得好的，做不好的是什麼原因怎麼做不好的，我們大家來檢討一下。互相檢討、互相勉勵，或者一個星期，假如時間許可，能夠做得到的，一個星期請共勉者跟自己共同討論一下。

請大家不要擔心，項目這麼多，或怎麼能夠做得到等等，請不要擔心，你覺得這個月你能夠選幾項，你覺得自己很有把握的才選，你選了幾項就勾幾項，每天看一看自己做到了沒有，這是自己選的，有沒有做到每天都要看一看，如果有一天我沒有勾，可是又有做到，就勾一下，就是這樣做。到了月底，查一查，或是一個星期檢討一下，那麼每天只要花一、兩分鐘的時間，就可以看一遍。表格上面是注意事項，下面是使用說明，先把這個兩項看一下，就知道怎麼用了。

甚至於這張表是可以張貼的，貼在你的書桌旁或是最方便的地方，也可以摺起來放在手冊裡面，這張表格就放在這本手冊裡面，可以隨身帶著走，這本手冊另外還有一片光碟，內容與手冊相同，可以用聽的，也可以用看的。我勉勵大家能夠詳讀這本手冊，看了之後就能夠明瞭，這本手冊的緣起、它的使用方法等等。表格下面就是每個項目的意義闡釋，很容易熟悉，方法不熟悉時再看一看，它非常地簡單，字很大很容易看，至少你自己選的項目先把它看一看，如何來實施。

法鼓山「提昇人的品質，建設人間淨土」的理念，這不是口號，我們每一個人，至少應把理念在每天生活之中予以實踐，也可以說是我為了報答諸位的護持之恩，要如何才能報答諸位呢？就是讓諸位生活得更快樂、生活得更有智慧、生活得更有慈悲心、生活得更自在。因此，我就想出這些實施的方案。

過去推出這些項目時，沒有提到如何實踐的細節，現在用這張日課表提供給諸位實踐，希望諸位菩薩能夠很快樂地、很輕鬆地運用這張日課表。今天再一次恭喜大家，恭喜大家「和喜自在」，祝福大家，阿彌陀佛！

（講於二〇〇三年十二月美國象岡禪十期間）

二〇〇五年新春賀詞
——再迎和喜自在的一年

阿彌陀佛！

首先，我在這裡給諸位菩薩拜年，恭喜大家，我們又成長了一年，而且往前走，新的一年，又在我們面前展開了。

新年有新的希望，對於我們中國人或者漢民族的文化來講，今年是雞年，中國有個「聞雞起舞」的故事說，清晨聽到雞啼聲，就要起床精進、鍛鍊身體。又說：「一年之計在於春。」在新的一年開始，一方面我要感謝大家這一年來對法鼓山的奉獻、護持和努力；另一方面，我要向諸位報告：去年一年，我們做了什麼事？有什麼樣的成果？今年我們又要往哪個方向去努力？

全球災難，傳送關懷

去年一年中，我們有歡喜，也有憂傷和淚水。歡喜的是，我們所有法鼓山菩薩都很努力，沒有白白過了一年；憂傷的是，去年一年國內外發生了許多災難。臺灣地區發生了好幾次風災、水災，我們都在第一時間去救災；而前年（二〇〇三年十二月）伊朗發生的巴姆大地震，我們也派了一個賑災小組到當地，並捐了三十萬美金表達法鼓山菩薩對於全球災難的關懷。

去年年底，南亞地區發生大地震和大海嘯，據說是全球四百年來傷亡最慘重的大地震，我們在第一時間派了一組人，配合臺北市政府到印尼賑災，接著還跟著路竹會的醫療團，進入斯里蘭卡賑災；我們也發動全世界的法鼓山菩薩，對南亞地區提供救援，我個人也以世界宗教領袖的身分，呼籲世界各宗教領袖發起各宗教徒投入救災工作；元月九日，我們為罹難及受災的菩薩們，舉辦了「全球平安祈福大法會」，全球將近二十個國家、一百多個分院、共修道場同日進行。

從地圖上來看，南亞和臺灣尚有一段距離，然而從佛教徒的立場，宇宙之中任何一個地方的眾生有苦難，我們都應該去救濟，這就是循聲救苦的觀世音菩薩精神，觀世音菩薩無一眾生不度、無一眾生不救。發心為人救難、救災，自己就能免難、消災。不管苦也好、樂也好，都是我們種福田、增長慈悲心和智慧心的過程。

世界和平，齊心推動

去年二月，我到泰國曼谷主持「亞太世界青年和平高峰會」（Asia Pacific World Youth Peace Summit），這個高峰會結合了企業界、學術界、教育界和文化界的人士，有一千多位亞太地區的傑出青年領袖參與，是一個相當大的活動；接著我們也在國內辦了一系列「世界青年和平高峰會臺北論壇」的活動。

去年我還到約旦出席「世界宗教領袖理事會」董事會，在會議中，我被選為「世界宗教領袖理事會」董事會的董事長。今年我們準備在約旦舉行全球性的「世界青年和平高峰會」（World Youth Peace Summit），同時我也將出席在聯合國紐約總部舉行的「青年和平高峰會」，並帶著臺灣的青年代表出席，也就是說，今年有兩個世界性的青年高峰會議。對我們來講，既可把臺灣的優秀青年送上國際舞台，讓他們有國際的心胸和視野，同時也把國際的多元文化觀點，帶回臺灣。這是我們的願望，但願能促進下一代青年的世界和平觀念。

國際弘法，持續不斷

以我個人來講，由於年紀老了、體力衰退，特別是去年二月害了一場大病。因為右眼出血，在臺大醫院住了一個星期，出院以後，眼睛很不容易恢復，雖然如此，我還是做了很多事情，譬如去年三月，我到臺灣大學做了一場演講，雖然體能不好，但演講的效果還不錯。

四月底，我到新加坡弘法，舉辦了兩場大型演講，每場都有數千位聽眾，同時也舉辦新加坡第一屆的社會菁英禪修營。隨後我又到了澳洲的雪梨和墨爾本。在雪梨，我進行了三場演講，包括雪梨大學（University of Sydney）的一場學術性演講，而我們中華佛學研究所也和雪梨大學簽訂了交流備忘錄；在墨爾本，我也做了學術演講、一般性演講，以及出席一場為我舉辦的宗教領袖對談；在這些地方，我什麼人也不認識，有那麼多人來聽講，這都是讓我感到相當意外的事。對我們來講，不論是佛研所或是法鼓山，已經把觸角伸展到南太平洋了。

即使剛出院不久，體力不好，但我還是拖著疲累的身體，一站一站地從新加坡到澳洲，然後又飛到歐洲的瑞士。在瑞士的首都伯恩市，我也進行一場公開演講，並主持一場禪七。從瑞士返回紐約後，我為當地的美國青年和學佛弟子開了一堂課，課程是專門解答美國人學佛時遇到的問題。他們問得非常深入，也很實用。這是我去年在美國開的課，未來也將持續下去。

另外，去年我在美國出版了一本著作 *Song of Mind*（編案：中文版書名為《禪無所求——聖嚴法師的〈心銘〉十二講》，法鼓文化出版），即是牛頭法融開悟詩〈心銘〉的講錄，這是由專門出版佛教各派著作而聞名於英語世界的 Shambhala（香巴拉）出版社，繼*Complete Enlightenment*（編案：中文版書名為《完全證悟——聖嚴法師說《圓覺經》生活觀》，法鼓文化出版）之後，為我出版的第二本書。到現在為止，我的英文著作已出版了十四種，這本書出版以後，可能會有其他國家的語文譯本在全球發行。

在臺灣來講，去年由誠品書店選出的宗教類暢銷書排行榜，我的書總共有二十七本入選，就暢銷作者排名來講，我是第二名；就銷售數量來講，我是第三名。佛教出版品能夠獲得這般的肯定，有這麼多的讀者，可以說佛法的推廣是非常有前瞻性的。

人品提昇，深入各層

我們這個團體在去年也推出了好幾項活動，一個是「自我提昇日課表」，這是我把法鼓山「提昇人的品質，建設人間淨土」的理念，給予一項一項次第化的呈現，有具體內容，也有實質作法，希望今年我們還是繼續推動。

另外，我們在二〇〇三年推出的八式動禪，去年也繼續推動，並培訓了一千二百多位師資，接著還推出坐姿禪、出坡禪、工作禪等。本來禪修是在禪堂進行的，現在我們把它推廣深入到每一個層次，使小學生、大學生、辦公人員甚至旅行途中的人，也都可以運用。

我們的護法體系也在繼續成長，包括人品的提昇、人數的成長，以及募款的成長。這三個成長之中，以人品提昇為第一目標，接引更多人參與法鼓山是第二個目標，而募款經費的成長，則是第三個目標。菩薩道的修行，一定是福慧雙修的，法鼓山的募款，其實就是鼓勵大家把福報儲存在福德銀行裡。

各項建設，逐步進行

去年四月，法鼓大學動工了。法鼓大學動土之後，我們發現山上的原生樹有一千多棵，都長得非常健康，因此我們把這些樹種進行兩部分的移植，一部分是移植到第一期工程的環境裡；另一部分，則暫時寄養在別處，等將來法鼓大學的工程完成以後，再移植到校園中。

山上的開山觀音，本來是玻璃纖維塑造的，去年八月已鑄成了觀音銅像，安座於法鼓山中央高點，就是我們大殿後方的平台上；去年我們也規畫了鑄有整部《法華經》、重達二十五噸的法華鐘，已委託日本的老子株式會社鑄造，預計明年可以完成，將安置於臨時寮左側的法華鐘公園預定地上。

去年我們也完成了象岡道場的兩棟宿舍。完成這兩棟宿舍真是非常不容易，因為我們美國護法體系所募得的經費，全都捐回臺灣，所以我要另外募款，所幸到現在為止，象岡道場總算有了相當的規模，有禪堂、齋堂、兩棟宿舍、接待中心、僧寮、方丈寮等，一共七棟房子。

象岡道場占地一百二十餘英畝，是漢傳佛教在美東地區規模最大的禪修道場，也是目前西方世界最具知名度的漢傳佛教禪修道場。去年年底，我們辦了兩次禪七，有十一個國家的人士參與，非洲、美洲、歐洲、亞洲、大洋洲都有不少人去，主要以北美和歐洲為主。在歐洲，我們現在也有十幾個據點，都是由西方人士組織的共修處。

在臺灣，臺東信行寺的新建工程也在去年動工了，預訂今年的七月完成。信行寺原來是一個很小的建築，建成一個相當有規模的道場後，可以辦研習營、禪修營。臺東的空氣好、環境好，是臺灣東部的一塊淨土。

至於農禪寺則有兩個好消息，一個是新農禪寺，一個是現在的農禪寺。現在的農禪寺，位於北投大業路巷子內，已經有三十四年歷史了，其絕大部分是鐵皮屋，但是去年臺北市政府經過考察之後，認為農禪寺是法鼓山的發祥地，對於臺北市、全臺灣甚至整個世界都有很大的貢獻。因此最老的建物部分已被評定為臺北市的歷史建築，除了可以繼續使用，還受到政府的保護。另一個是北投公館路的新農禪寺，預計今年可以完成。

漢傳佛教，世界佛教

法鼓山僧伽大學已經邁入第四年了，出家體驗營暨僧才養成班也已經兩年了，今年第一批畢業的學僧，會加入僧團，這不僅是法鼓山這個團體的希望，也是全體漢傳佛教的新力量。佛教需要培育傑出的僧團人才，否則便沒有明天。因此，我在這裡勉勵大家，鼓勵身旁優秀的青年男女來報考我們四年制的佛學院，以及二年制的僧才養成班。有優秀的人才來出家，才有優秀的佛教龍象人才。

去年我在法鼓山僧團推出的課程，講的就是漢傳佛教。法鼓山的佛教，是從宗教、宗教裡的佛教、佛教裡的漢傳佛教、漢傳佛教裡的禪佛教，一直延伸而來，而法鼓山推廣的佛教，是涵蓋、容納所有宗派的佛教，而融會在以漢傳佛教為主流的體系之中，並將它發揚光大，成為世界性的佛教。但是，世界性佛教並不等於過去的漢傳佛教，因為漢傳佛教本身也在不斷地發展和吸收，這是漢傳佛教的特色。將來的佛教是整體性的世界佛教，而以漢傳佛教為主流，而開展發揚的。

大殿落成，法鼓元年

今年二〇〇五年，是法鼓山相當重要的一個里程碑，為什麼呢？因為法鼓山經過十六年的時間，從買土地、規畫、建築，到今年第一期工程就要完成了，這是法鼓山真正的開始，叫作「法鼓元年」。

各項硬體建設完成以後，今年也開始發展各項軟體設施，有各種的教育計畫，我們稱法鼓山為「世界佛教教育園區」。除了僧伽大學、中華佛研所以外，你們每一位都有機會到山上受教育，不管是一年、一個月、一週、一天，甚至是半天的禪修，都是受教育。而所謂的國際化，就是海內外的華人，以及世界各國、各民族人士，都歡迎到法鼓山來學習漢傳佛教。法鼓山是推動漢傳佛教的教育中心，我們接納多元、多宗派的各種學術活動，而以漢傳佛教為宗旨。

最後，我在這裡再一次祝福大家，恭喜大家，新年快樂。今年度主題仍是「和喜自在」。實際上，「自在」就是指觀自在菩薩，而「和喜」是佛教的特色。和是和樂、和平、和諧；喜是法喜充滿、禪悅為食，對內自在、對外自在，在任何情況下都能自在。譬如遇到災難時，要學習面對災難、接受災難、處理災難，然後心中不要有牽掛或煩惱，這就是自在了。如果希望這個世界永遠沒有災難、沒有病痛、沒有狀況，這是不可能的，但是用了佛法以後，在任何情況下，我們就能夠和喜自在了。祝福！

（二〇〇五年一月十二日）

和喜自在賀新春

今年是和喜自在年，如何才能「和」？我們常常要求別人跟我和，都希望別人對自己要公平、要合理，但這不太容易，所以還是要自己學著去跟人家和。大家都知道「家和萬事興」，但是有人說：「沒事就可以和，有事就不能和。」其實家人、朋友間不要老是講公平、合理，要學著彼此各讓一步，這樣就可以和了。如果已經讓步了，對方還是一直要跟你吵，那你就念阿彌陀佛、念觀世音菩薩，幾次以後，對方覺得沒意思，就不再吵鬧了。

天天「和喜自在」的方法

如何才能夠天天「和喜自在」？第一、要經常保持身心的健康，隨時運用佛法的觀念和方法調整自己，與他人和諧相處，那麼每天的生活就會如禪宗祖師所說的「日日是好日」。第二、要知足。能夠生活、生存，健康地活下去，就是一件快樂的事，這就是「知足常樂」。第三、要發大悲願心，不以身體的生命為終極目標，而是發無限的悲願。佛說「虛空有盡，我願無窮」，願一切眾生離苦得樂，多布施、做好事，時時心有法喜。第四、歡喜自己是佛教徒。有一次，達賴喇嘛演講時突然哭了起來，然後又笑了，在場的人都猜測可能是達賴喇嘛流亡海外，不能回西藏，所以難過得哭了。結果達賴喇嘛表示，是因為感恩、感激而哭泣，其實內心是很歡喜。

「和喜自在」主要是心和諧，心和諧才能喜悅，然後才會自在，這樣環境就不會影響我們，相反地，我們還可以影響環境。今年是和喜自在年，要和樂才能歡喜，才會自在。

新年新希望

過年又叫過節，「節」的意義是什麼？就像竹子一樣，每通過一個階段，就會長出新的一個節。「新年」的意思，並不只是過年這段時間叫作新年，而是表示新的一年開始了，不管去年過得怎麼樣，新年新希望。

「智慧財」與「功德財」

過年期間，大家見面都會說「恭喜發財」，發什麼財呢？一是「智慧財」，一是「功德財」。多做好事，多給人方便，多念佛，這是功德財。在功德之中，其實也含有智慧。「智慧財」能夠化解自己的煩惱，有智慧的人，有錢也歡喜，沒有錢也歡喜。沒有智慧的人，即使有錢也不會歡喜，那就很苦。人人都希望發財，但若失去快樂，那就沒有意義。

聖嚴師父祝福你，你自己也要許一個新希望。想想今年要做什麼？老人家也要許願，在我們農禪寺、法鼓山有好多七、八十歲，甚或九十歲的老菩薩都在廚房揀菜、洗菜、種菜。每一個人都要許一個可以實踐的願望。世間人說「自助而後人助」，佛法說「種福而有福，培福就有福」。如何種福、培福？就要許願，並且要確實地實踐。

用佛法來安心

然而，人不可能一直都是順利的，身體難免會生個小病，工作難免會碰到小阻礙，自然環境也會遇到小災難，但是「心安就能平安」。首先要「未雨綢繆」，做好預防的工作；如果無法避免，就要保持心的平靜，否則就會遭受雙倍的損失與傷害。其次就是念阿彌陀佛、念觀世音菩薩。當誰都無法幫助你時，至少觀世音菩薩會幫你。

〈四眾佛子共勉語〉最後二句是「處處觀音菩薩，聲聲阿彌陀佛」。時時念佛，可以隨時保持身心的安定，隨時得到三寶的加持。平常要念，遇災難時更要念。而且無論修行多久，都很有用。

婆婆世界的種種現象，是眾生的共業。當人心安定了，就會覺得風調一些、雨順些。

（節錄自二〇〇五年二月九日至十一日新春開示，原收錄於《二〇〇五法鼓山年鑑》）

聖嚴師父對二〇〇五年的祝福

——回顧二〇〇五，展望二〇〇六

阿彌陀佛！

新的一年開始，我特別要向諸位報告，二〇〇五年我們法鼓山做了哪些事，有哪些成長，藉此也感謝大家這一年來的奉獻。除了回顧，也展望未來，共同勉勵今年我們要努力的方向。

國外之行　場場演說引回響

在這一年中，我個人在國外行程方面，二〇〇五年一月底，出席了由「世界銀行」（The World Bank）在愛爾蘭都柏林召開的「信仰暨發展領袖會議」（Leaders' Meeting on Faith and Development）。這個會議邀請了四十多位世界各宗教、政治和工商界的領袖，共同進行討論。會中，我發表了一篇〈以慈悲和智慧處理衝突〉專文，呼籲全球應建立共同的倫理道德，並從每個人的內心開始做起。

多年來，環伺西方，無論是宗教也好、政治也好，我發現他們探討的重點，多半是如何改革社會、如何改善自然環境，這是本末倒置的作法，因為如果人心不安定，人類道德缺乏標準，只是一味冀求全世界平等、和諧、公平、正義，那是不太可能的。因此在這個會議中，我提出了這個觀點，我的這番發言，頗引起與會者的認同。

四月下旬，我到中國大陸四所學府進行學術之旅，分別是北京大學、北京清華大學、南京大學，以及廣州中山大學。行程中，一方面是因為法鼓山人文社會獎助學術基金會提供這些大學設置「法鼓人文講座」，雙方進行交誼，另一方面則是這四所大學邀請我去演講，主題包括：「中國佛學的特色」、「佛教傳入對中國文化的影響」、「禪學與禪文化的人間性」、「禪學與心靈環保」。四場演講不僅獲得高度重視，也深受師生們的歡迎，可說是一次非常成功的學術、文化之行。

四月下旬，我到中國大陸海南島出席一場「海峽兩岸暨港澳佛教圓桌會議」，討論「佛教如何對世界和平提供貢獻」。

接著五月初，我到了泰國，接受當地最知名大學——朱拉隆功佛教大學（Mahachulalongkornrajavidyalaya University）邀請，在該校畢業典禮上，為一千五百多位畢業生演講，主題為「從印度到中國的佛教」，這是該校首次邀請外國法師進行畢業典禮演說，特別是漢傳的法師，這對我個人而言，是一份榮譽；同時，朱拉隆功佛教大學並頒贈榮譽博士學位給我。雖然我已有了博士學位，不需要再添一個，但我還是覺得很光榮。

離開泰國後，我便直飛美國。在美國象岡道場，我們試辦了一次社會菁英禪修營，共有東西方人士近八十人參與，這對美國社會具有相當正面的影響；之後，則在紐約哥倫比亞大學（Columbia University）舉辦了一場千人大悲懺法會暨皈依祈福大典，這在紐約華人界是前所未見，這場大悲懺法會和我於會後的演講會，都非常受到歡迎。

八月二十二日至二十五日，為了勘驗即將完工的法華鐘，我與僧俗弟子共三十六人，前往日本富山縣的老子製作所，同時也到東京宴請昔日留日期間的師友同窗，感謝他們對我們師徒的照顧，並探勉留學中的中華佛研所研究生周柔含。另外，也提供一筆獎學金，獎助至日本立正大學研究佛學的華人青年。

各地關懷　深入了解再出發

在國內行程方面，主要是各地巡迴關懷，以及主持祈福皈依大典。二〇〇五年一整年，我陸續到了宜蘭、臺東、高雄、臺南和臺中，一共舉辦了六場巡迴關懷和祈福皈依大典，以及專題演講。其中臺南去了二次。第一次是二月下旬，代表法鼓山人文社會獎助學術基金會和臺南成功大學簽署「法鼓人文講座」合約，同時舉行皈依、演講和座談會；另一次則是八月初到臺南佳里，因為黃福昌居士捐地給法鼓山做為興建道場之用，我除了當面向他致謝感恩，此行也舉辦一場演講和皈依典禮。

在臺北，我主持了三場皈依大典，每場都有一、二千人參加。在這些巡迴關懷的過程中，各地參與的人數，至少有五、六百人，有的則高達二千多人。雖然稱之為「巡迴關懷」，但它的意義不僅僅是關懷，也希望藉此了解各地的發展和需求，因此護法總會總會長陳嘉男、副總會長黃楚琪、法鼓山基金會祕書長黃銀滿，以及幾位資深悅眾菩薩，也都隨行前往，以便進行了解之後再出發。這是我們二〇〇五年在國內關懷的情形。

除了國內，我們對世界各地的道場，也一樣用心關懷。雖然我無法親自到各地關懷，但陸續派了僧團法師到香港、新加坡、馬來西亞、泰國、溫哥華以及澳洲等地關懷信眾。其中，派駐美國的幾位法師，已組成一個關懷小組，陸續在全美各地進行巡迴關懷。可見我的弟子們已經成長，已能弘化一方。

此德不孤 積極參與全世界

至於我們法鼓山這個團體，二〇〇五年在國際參與方面，總共派了二組人，出席世界各地的會議。第一組是果幸法師和二位青年，到巴西參加「拉丁美洲暨加勒比海青年領袖高峰會」；第二組是果禪法師、常濟法師到荷蘭參加《地球憲章》成立五週年大會。

除此之外，美國東初禪寺監院果明法師，也代表出席一場在紐約州舉行的「走出伊拉克陰霾，建立心靈家園」跨宗教祈禱活動。由此可見，我們這個團體並不孤單，而是積極地參與全世界。

還有幾件事情，非常值得向諸位報告，第一件是關於南亞大海嘯的後續援助工作。南亞大海嘯自二〇〇四年底發生以來，我們展開的救援工作一直持續到現在，進入二〇〇六年後，也將會持續進行。南亞大海嘯殃及的範圍很廣，比較嚴重的是斯里蘭卡、印尼和泰國。在印尼，我們結合當地的佛教團體；在泰國，我們則支援朱拉隆功佛教大學的救援計畫；在斯里蘭卡，我們傾注人力、物力最多，例如二〇〇五年下半年，我們在當地興建一個「臺灣村」，可提供一百戶人家居住。「臺灣村」落成後，包括紅十字會、臺北市政府，都對我們非常讚歎，因為不論是設計、設備，都相當完善。我們法鼓山雖是個小小團體，能力有限，但我們投入近三千萬元，持續關懷當地災區民眾，因此也得到紅十字會的支援和臺北市政府的協助，足以證明「德不孤，必有鄰」，只要我們做得好，自然就會有人來參與。

此外，十月份巴基斯坦的震災，我們也在第一時間提供濟助；七月份發生在英國、約旦的爆炸事件，我們也都去函表達慰問和支持。

弘化教育　步步踏實向前行

在各地道場的建設與運作方面，也有一些好消息，加拿大溫哥華的道場，二〇〇五年已經上樑，計畫於二〇〇六年落成；臺東信行寺經過兩年的興建，已經落成啟用；桃園的齋明寺也在進行古蹟修護整建，新齋明寺正在規畫之中；而北投的新農禪寺（雲來寺），將在二〇〇六年落成。

大家所關心的法鼓人文社會學院，二〇〇五年已進行水土保持工程，二〇〇六年將進行建築工程的基礎；而法鼓山社會大學除了已在金山地區興辦，二〇〇五年在桃園大溪也開辦了一所，二〇〇六年將會在北投興辦第三所。

另一個好消息是，法鼓山上的自然灑葬公園，經過四年多的奔走努力，終於在二〇〇五年十一月獲得臺北縣政府的正式許可。

在文化出版方面，二〇〇五年「法鼓文化」出版了一套三冊的《一九八九—二〇〇一法鼓山年鑑》，記錄法鼓山從一九八九年以來，一直到二〇〇一年之間的成長歷程；而年度的年鑑也已編輯到二〇〇四年，二〇〇六年可看到《二〇〇五法鼓山年鑑》；進行續編的《法鼓全集》一百冊，也都在二〇〇五年出版。

落成開山　期使人人大悲心起

我們團體於二〇〇五年最重要的活動是什麼呢？我們全體僧俗四眾，幾乎把所有的心力、人力、物力投注在十月二十一日法鼓山落成開山大典。這是法鼓山成立十六年來最重要的一次成果驗收；在落成開山典禮之後，應該可以說是法鼓山真正的開始，所以我們把二〇〇五年，稱為法鼓元年。

落成開山的一系列活動，一共持續九個星期，但是最密集、最精彩的部分都集中在十月十九日至二十二日這段期間。除了法鼓山上的落成開山典禮，同時也在臺北圓山飯店舉行三場國際座談會，包括與佛教相關的「世界佛教領袖座談會」、「世界佛學學術座談會」，以及由世界各大宗教及佛教領袖八十多人共同參與的「世界宗教領袖座談會」。十月二十二日、二十三日一連二晚，則在臺北國際會議廳舉辦了兩場音樂感恩晚會；而十月二十九日，為了感謝諸山長老法師對法鼓山的關愛，我們舉辦了一場齋僧大會，共有漢傳、藏傳、南傳佛教三系的比丘、比丘尼眾一千八百多人參加，這也是落成開山的一大盛事。

落成開山典禮當天，總共有一萬五千多人參與，活動進行期間，全山禁語、持咒，創下一場別開生面的落成大典。儀程中，有傳統的儀式，如開光，也有現代化、具創意的巧思，以「大悲心起」為主題。為什麼是「大悲心起」呢？就是希望全世界的人類，都能學習觀音菩薩的慈悲精神，都能從內心生起大悲心，如此我們的世界就會充滿希望，而沒有鬥爭和衝突。

由於這個主題非常有意義，也十分具有創意，因此，全臺灣的媒體都對「大悲心起」落成典禮，給予大篇幅正面的報導和評價；而且當天就有三萬多人透過「法鼓山全球資訊網」觀看了落成典禮的網路直播。

值得一提的是，全球資訊網和各電視台的播出和報導，引發了世界各地的回響，經過初步統計，當天觀看典禮實況的全球網友，將近五億人，這是非常難得的成果。由於這次的成功經驗，提醒我們要更重視網站的經營和規畫。

我們法鼓山雖是一個小小的團體，但因為落成開山大典的主題與呈現方式極具創意，吸引了全球注目，為一次成功的弘法；因此，往後我們舉辦任何活動，都要深思熟慮，要有創意，讓大家耳目一新，才能讓所有參與的人有收穫。

在僧團方面，第一屆法鼓山僧伽大學的學僧已經畢業了，現在已招生到第五屆，因此，僧團不僅人數成長了，素質也在提昇，不過還是「僧少粥多」，因為需要法師的地方太多；而出家僧才的培養，乃是百年樹人的工作，無法速成，所以要請各地護法信眾們諒解，我們無法立刻在各地都派駐法師關懷，但未來是有可能做到的。

另外值得歡喜的是，二〇〇五年九月二日，我們舉行了僧團有史以來第一次的傳法典禮，共有十二位資深優秀、現任要職的比丘、比丘尼弟子，接受傳承證書，誓願傳持法鼓山的思想理念；其他參與典禮的僧俗四眾弟子，只要認同法鼓山的理念，發願弘揚，也都受到相同任務的交代。

展望未來　接引青年傳薪火

整體來說，二〇〇五年是非常豐收的一年。未來，我們的團體在組織架構上將會隨著工作的擴展而有靈活的調整，例如，二〇〇五年十一月，我們成立了「青年部」，希望接引青年人，因為青年是未來發展的實力，有更多年輕人來參與，法鼓山才能薪火相傳，一代接著一代，永遠有人努力建設人間淨土。

法鼓山已經落成了，落成後的法鼓山，不只是一個旅遊的景點、觀光的道場，更希望所有上山的訪客，都能來修行。因此，我勉勵諸位多多參加山上的禪修，我們也正在規畫一系列的課程，準備迎接每一位前來參訪的菩薩，都能有機會參與修行活動，沐浴在佛法的利益中。

在這裡，也向諸位報告我的近況。近年來，我的工作量和工作時間只有增加，沒有減少，但我的年紀愈來愈大，體力愈來愈弱，於是我從二〇〇五年九月初即住進醫院，一直到落成大典之後才出院。經過兩個多月的調養，已經沒有大礙了，但畢竟年紀大了，身體一天天衰弱，所以，請大家能夠體諒。

法鼓山落成了，但請諸位不要認為從此以後法鼓山就不需要大家的護持了！我們除了弘化、營運的費用外，仍有許多周邊設施都還在建設中，包括尚在興建中的法鼓人文社會學院，我們的募款不能停止。因此，要勸請我們的護法團體，能在素質成長、人數成長、護持金額成長三方面，齊頭並進，繼續努力。

最後，我要勉勵大家，以〈四眾佛子共勉語〉及「心五四運動」等方法，來提昇自己的人品素養，也請大家繼續護持法鼓山，並接引其他人共同分享法鼓山的理念，共同來種這塊福田。

（原收錄於《二〇〇五法鼓山年鑑》）

聖嚴師父對二〇〇六年的祝福

——回顧二〇〇六，展望二〇〇七

恭喜和祝福，大家共同的願力

所謂「新年」，不僅是指正月初一這天、正月這個月，或是春節這段假期才叫新年，而是指一個新的年度。新年開始期間，我們大家都會相互祝福、互道恭喜，但是，這樣的恭喜有用嗎？

當然，恭喜是有用的，因為這是我們大家所發的願，發願以後，共同朝這個方向去努力。大家彼此相互祝福、相互幫助，從一個人的恭喜，到許多人的恭喜、祝福，這就變成了我們大家共同的願力。

二〇〇六年推廣的主題，就是春聯上的題字「和平吉祥」，意指「和和氣氣，與人相處。平平安安，日子好過。吉慶有餘，自助助人。祥樂豐足，迎接新年」。

我們希望人人都能夠和諧相處，不要有衝突。但是人與人之間的相處，不論是家人及工作場所的人，乃至於整個族群的關係、國家的關係，都難免會有衝突、有矛盾，這時候就必須用智慧和慈悲來和解、處理。

以個人而言，則身體要和、心理要和，同時與人相處要和諧，與社會大眾相處也要和諧。和諧之後就會平安，就能生活得很健康、很快樂。

我們這個世界處處充滿矛盾，要用智慧和慈悲去處理它。如果能夠這樣，就是生活在人間淨土之中了。

今年，我就用這四句話，向諸位祝福、勉勵，讓我們內在、外在以及世界都能和平，與自然環境之間，也能和諧相處；這也就是以「心靈環保」、「生活環保」、「禮儀環保」與「自然環保」，而使我們達到「和平吉祥」的目的。如果大家都能夠朝著這個方向去努力，一定能過得很快樂、很幸福。

回顧二〇〇六年：僧團、教育事業，邁入新里程

回顧二〇〇六年這一年，法鼓山成就了許多功德，這都是我們大家共同的成就。二〇〇六年一年，我雖然在害病之中，仍出席、參與，乃至主持了許多活動，包括公益的、國際的、佛教的，以及跨宗教領域的，當中像是全球婦女和平運動、二〇〇六全球青年領袖高峰會（2006 Global Youth Leadership Summit）等，我們甚至擔任主辦或協辦的重要角色。

在公益活動方面，二〇〇六年我們辦了一場防治自殺的活動，並且我拍攝了一段公益短片，結合國內各大電視媒體持續的響應和報導，呼籲大眾「多想兩分鐘，你可以不必自殺，還有許多活路可走」。這項防治自殺的呼籲，在國內引起相當大的回響。

二〇〇六年法鼓山最大的成就，可說是僧團制度的完成。二〇〇六年九月二日，我們舉行了新任方丈的接位大典，這是法鼓山非常重要的歷史焦點。

本來我是法鼓山整個體系的創辦人兼主要負責人，自從新方丈和尚就任以

後，我就卸下了主要負責人的職務，在我們團體之中單純扮演創辦人的角色，許多行政工作都交由我的第二代去處理，甚至包括傳戒、剃度，或者總本山與各分支道場舉辦法會、共修活動，都由新方丈和尚代表我們法鼓山這個團體主持，我則退居第二線，不必再像從前那樣事事躬親費心了。

我們的教育事業，在二〇〇六年也邁入一個新的里程碑，「法鼓佛教研修學院」正式獲得教育部核准設立，這在中華民國佛教史上是一大創舉。

在「法鼓佛教研修學院」申請核准之後，國內許多佛教界乃至宗教界的團體，也都積極在申辦宗教研修學院，希望能跟上我們的腳步。

其實我們的優勢，在於已有二十五年以上中華佛學研究所的辦學經驗，我們的設備、師資、學生以及辦學成果俱優，早已是國際間知名的佛教學府，因此當我們向教育部申請設立佛教研修學院的時候，我們的基礎是相當厚實有利的。

「法鼓佛教研修學院」預定在二〇〇七年正式招生。另外，法鼓人文社會學院也在二〇〇六年完成了整地工程，二〇〇七年即可申請建築執照，在一、二年之內準備招生，這也是法鼓山的一樁大事了。

師父近況：靜養練書法，興學籌經費

至於我個人的近況，也藉此向諸位報告。講起來滿有意思的，二〇〇六年一年，誠如諸位所知，我在害病靜養之中。就在這段期間，行政中心的專案祕書室和僧團的機要祕書室都來問我：是不是可以辦一次書法展，為建大學籌經費。

這是因為過去我已寫了一些，所以他們希望替我辦書法展。由於這樣的建議，我便從二〇〇六年八月開始寫書法，幾乎每天都寫，每天可寫一、二幅或二、三幅，有時可寫上十來幅字。本來我是不會寫書法的，可是漸漸地，愈寫愈順手，也愈發覺寫書法是一種運動，對我的健康很有益處。我持續地寫，現在則準備於春節期間，在我們法鼓山上舉辦一次書法展，事前也邀請好幾位書法名家，來為我的字做鑑賞、做評選。

這是我從來不敢設想的事，我不曾想過會寫這麼多的書法，也不會想到我可以辦一次個人的書法展。這次的書法，除了將在法鼓山展出，負責籌畫書法展的專案小組也計畫在全臺巡迴展出，對我來講，也是一次前所未有的想像。我的字究竟寫得如何，就等展出之時，請大家來批評、指教了。

二〇〇七年期許：各地巡迴關懷，普化佛法的緣

我們的僧團、護法體系和每一個事業體，也要盡心盡力來服務我們的會員，關懷我們這個團體的每一位菩薩。事實上，現在我們的護法體系，也就是勸募系統的關懷工作已經做得很好，但是護法總會總會長陳嘉男告訴我，二〇〇六年我們勸募會員主動去拜會護持會員、收護持金的比例減少了。我想主要的原因是勸募會員都很忙，影響按時收護持金的進度，所以二〇〇六年我們的募款數字是減少的。

這對我們來講是一項警訊，主要原因應該在於我。過去，每年我都會到各

地去關懷大家、鼓勵大家，同時為新勸募會員主持授證；但是二〇〇六年因為我害病，取消了各地的關懷行，這對護法體系的運作是有影響的。因此我發了一個願，願我的身體狀況許可，二〇〇七年能讓我巡迴全臺做關懷的工作。

師父要關懷、勉勵大家的是什麼？師父的巡迴關懷，不是要錢似的化緣，如果一定要說是「化緣」，那便是普化佛法的緣，希望大家都能在佛法的理念與修行上更精進、更努力，如此一來，對於自己的家庭、事業，特別是自己的身心健康必定有很大幫助，而讓我們自己的煩惱更少一些，家庭更和樂一些，我們所處的生活環境或者工作、事業更順利一些。這就是修學佛法的好處，也是師父四處「化緣」的期許。

大願力：推動生活佛法，圓滿「百萬人護持」

至於「大願力」是什麼意思？我們共同的願力是什麼？二〇〇六年十二月二十三日法華鐘落成典禮上，我們推出一個「大願力」活動，希望配合法華鐘的落成為起點，讓榮譽董事的人數持續增加。我們鼓勵大家都來種福田，不僅僅是自己種福田、再種福田，也希望大家能廣邀親朋好友一起共襄盛舉，為整體佛教教育事業貢獻一份力量。

我們法鼓山推動的佛法，是生活化的實用佛法，除了一般傳統的念佛、打坐、拜懺等修持方法之外，我們格外重視生活中可以實踐、應用的佛法，這其實也就是「大願力」。而從佛法的修學——自我成長，到佛法的護持——廣種福田，一直到佛法的弘揚——廣度眾生，這些都是「大願力」的努力方向。

幾年前陳總會長提出一個「百萬人護持」的成長方案，至今尚未圓滿，原因是我的配合不夠，僅僅是陳總會長一人的能力也有限。因此我在這裡，敦請大家共同來努力，使這個目標能夠圓滿達成，共同來成就我們的「大願力」。

祝福大家新的一年，平安、自在、幸福、快樂、健康。阿彌陀佛！

（原收錄於《二〇〇六法鼓山年鑑》）

聖嚴師父對二〇〇七年的祝福

——回顧二〇〇七，展望二〇〇八

南無觀世音菩薩！南無阿彌陀佛！諸位菩薩，我在這裡為大家祝福，為這個世界的人類祝福，為全臺灣社會祝福，更為我們法鼓山所有菩薩們祝福：祝福大家身體健康、事業如意、萬事順利、家庭平安、社會和諧。

體系各項事務，順暢運作

在新的一年（二〇〇八）即將開始，我首先把過去一年來，我們法鼓山的人事安排做個報告。大家知道我已退居幕後，不再是法鼓山體系的負責人，而是一個創辦人。目前法鼓山主要有六、七個基金會在運作，在這些基金會之中，我只保留了法鼓山人文社會基金會的董事長，其餘皆未擔任任何職位。現在法鼓山各方面的運作，不論是軟體、硬體，主要負責人是由我們的新任方丈主其責。

在教育人事部分，二〇〇七年有新安排，其一是法鼓佛教研修學院校長，邀請到惠敏法師擔任，他也是我們僧團的首座和尚；另一項是法鼓大學籌備處，聘請到劉安之先生擔任籌備處教授。在僧團執事部分，由果暉法師及果品法師擔任副住持，果廣法師自二〇〇六年九月底接任代理都監至二〇〇七年底，這些是二〇〇七年度法鼓山非常重要的人事安排，由於各執事適才適所，整體運作非常順暢，因此，請大家不要認為任何事非師父來處理不可。我已經退休，但我們法鼓山所有活動，沒有一項減少、沒有一項衰退，都還在積極進行中。

在工程方面，二〇〇七年一年，我們完成了法華公園與全山的照明和音響設備；正在建設中的工程，則有華八仙朝山步道。這條步道位於園區聯外道路的溪濱左側，以來迎觀音公園為起點，沿溪而上，穿過華八仙公園。另外還有法華公園步道和法華橋，則已經完成。

接下來，我們最主要的工程就是法鼓大學。為了建設法鼓大學，二〇〇七年年初，護法總會副總會長劉偉剛菩薩，提出一個「五四七五大願興學」募款方案，希望在三年之內，號召一百萬人來參與響應——每個人每天捐五塊錢，三年圓滿五千四百七十五元，用以護持法鼓大學。這個方案如能順利達成，三年內有一百萬人的具體支持，我們辦法鼓大學，就沒有後顧之憂了。

突破時代創舉：水陸法會、生命園區

回顧二〇〇七年一年，我們做了很多事，也辦了許多活動；往未來看，我們的重點就是把法鼓大學辦起來。法鼓大學的工程進度，預計二〇〇九年可以看到建築物的輪廓，二〇一〇年起招生。在校本部建築尚未竣工啟用前，會以位於臺北市區的德貴大樓興辦「法鼓德貴學苑」，先行招生。

僧團在二〇〇七年也有不少成長，甚至可說是法鼓山建僧以來，極具突破性的一年，例如農禪寺的改建工程，已在進行之中。二〇〇七年農禪寺改建之前，辦了幾場大法會，特別是梁皇寶懺法會，最後一天達到五千多人；農禪寺雖小，法會卻非常殊勝。

在僧才教育方面，僧團早期的僧眾只有二、三十位，經過近年來的培育，尤其這六年多來法鼓山僧伽大學的養成教育，現在僧眾有兩百多人，而由我們僧伽大學培養出來的畢業學僧，就有九十幾位，這是非常高的比例。對僧團來講，二〇〇七年是非常具有突破性意義的一年。

此外，二〇〇七年十二月我們首次舉辦了「大悲心水陸法會」，這是我們的一項創舉。舉辦梁皇寶懺法會是為了紀念我的師父東初老人，在一九九七年，我師父圓寂二十週年時，首度舉辦；二〇〇七年是東初老人圓寂三十週年，我們辦了這場水陸法會，除了感報老人的法乳之恩，對於道場的維持、大學院教育事業，以及對社會民眾的普化教育，也都有很大的幫助。

另外，二〇〇七年我們法鼓山的另一項創舉，就是十一月份，我們跟臺北縣政府共同合作的「臺北縣立金山環保生命園區」，在法鼓山園區正式啟用。這對全臺灣，乃至全世界來講，都是一個新的里程碑。十一月二十四日啟用當天有十位往生者的骨灰圓滿植存儀式，包括我師父東初老人一部分的骨灰，也植存在此。植存，就是把往生者的骨灰，置入生命園區已完成鑿設的洞穴裡，與大地日月星辰常相為伴。此外，我們也舉辦了第一屆「關懷生命獎」以及全面防治自殺的活動，並且提倡「心六倫」運動。這也是我們二〇〇七年度推展的重點工作。

至於二〇〇八年，有什麼新的規畫？應該做的，還是要繼續推動。比如我們辦的法會，能突破傳統，又賦予新的時代意義，要繼續辦下去；二〇〇七年推動的「心六倫」運動，以及二〇〇六年發起的「你可以不必自殺」防治自殺活動，也要全面繼續推廣。這兩個運動，引起社會很大的回響，大家都非常贊同，這是由人基會策畫，需要我們全力支持。至於國際學術活動及各項國際交流計畫，也已在規畫之中。

發好願，把法鼓大學辦起來！

接下來我要報告個人的近況，相信也是大家想知道的。我這一輩子都在病中；一直以來，大家都不看好我，都認為我活不長久，隨時可能死亡。可是我還是一年一年撐過來了，到二〇〇七年，我已經七十九歲，體能的衰退無可否認，畢竟我已到了這個歲數。但是，在我的心願未了以前，我相信我還會繼續活下去，這最後的一個大心願，就是把法鼓大學辦起來。

我的病，究竟是什麼病？我現在向大家公布是腎臟病。這兩年多來，我固定洗腎，在洗腎過程中，我還去了一趟美國。洗腎對我沒有多少妨礙，但是這種病，不可能完全治好，只能藉洗腎來延長壽命。我每星期要到醫院洗腎，洗完腎以後，還是像普通的正常人一樣，可以做點事，並不是什麼都不能做了。

為什麼不換腎？因為我老了，一只健康的腎，如果置換在一個年輕人或者中壯年人身上，它可發揮的功能和時間較長，而我今年七十九歲，來日無多，用一個腎等於浪費一個腎，這是非常不慈悲的事，所以我拒絕換腎。我問了醫生，洗腎之後能維持多久的生命？他們說，視病人的情況而定，最短的大概幾個月，最長的可帶病延年二十幾年。現在我也不知道自己還能有多少時間，但我還是要把最後一個心願完成——把法鼓大學辦起來。

我們二〇〇八年的春聯祝福語是「好願在人間」，這是延續二〇〇七年的「五四七五大願興學」計畫，二〇〇八年仍將繼續推動，而且要全面廣大地推展開來。因此，我邀請大家發願，方式很簡單，每人每天存五塊錢，三年圓滿五千四百七十五元，共同來護持法鼓大學。這是為人間發一個好願，為人間儲存一份至善的心願。如果不發願，事難竟成；只要發願，就一定能心想事成。例如二〇〇六年底，我發了一個願：以我的書法勸募建校經費。二〇〇七年我在病中寫了五百幅字，辦了六場書法展，名為「遊心禪悅——法語．墨緣．興學」，真的因此募集了一筆辦學經費。所以，我鼓勵大家，發一個好願；也祝福大家，期勉大家發好願。阿彌陀佛！

（原收錄於《二〇〇七法鼓山年鑑》）

抱持信心，迎向希望二〇〇九

阿彌陀佛！我在這裡祝福大家：二〇〇九年快樂、健康、幸福、平安！

在二〇〇八年尾聲，許多人都預期二〇〇九年恐怕經濟不會變好、社會環境依舊不安，而全世界景氣持續低迷。該怎麼辦呢？

實際上，不安是心理的一種感覺，是我們的心受到外在環境的影響，覺得沒有安全感、沒有安定感，所以浮動不安。但是反過來，如果我們的心是安定的，內心有安全感，則外在環境再怎麼變動，我們的生活還是可以不受影響。就像外面下大雨了，心急沒有用，可以做的是因應處理。比如房子會漏水，就要想辦法把漏水的地方補起來；下雨天濕淋淋的，還是要想辦法出門辦點事去。雖然下雨不是好天氣，但是只要心安，我們的生活就可以不受影響，而過得很快樂、很幸福，這就是「心安就有平安」。

認知順境、逆境都是過程

我們在十年前提出一個「心五四運動」，內容包括「四安、四它、四要、四感、四福」，這些觀念到現在還是普遍被運用著，其中用得最多的是「四它」。人生有不如意事是正常的，遇到問題時，要面對問題，接受問題，想辦法處理問題，處理以後就要放下；如果處理以後，問題還是無法解決，也要試著放下。用「四它」的觀念，可以幫助我們有智慧地處理事。

還有「四要」：「需要的不多，想要的太多；能要該要的才要，不能要不該要的絕對不要。」實際上，我們真正需要的東西不多。人基本的需要是吃飽穿暖，有個地方遮風避雨，這就夠了。尤其在不景氣的時候，如果大家能把欲望降低一點，把希望放大、放遠一些，就能夠知足快樂。

另外，我們在大前年推廣「心六倫」和「關懷生命——防治自殺」運動，其實，「心五四」、「心六倫」和「關懷生命」運動都是相關的，同樣源自「心靈環保」。「心六倫」乃是一種新思想、新社會運動。過去傳統的儒家「五倫」，已不太能契應現代社會的需要，因此我們推出「心六倫」來充實「五倫」。「心六倫」的核心價值是盡責盡分、奉獻利他，這是放諸舉世皆可通行的價值，不會只局限華人地區使用，而是我們奉獻給全世界人類一種新的全球倫理運動。

還有，人最重要的是生存，只要還留有一口呼吸，就有無限的希望。事實上，沒有必要自殺。自殺多半是因為恐懼、害怕，對未來沒有希望、沒有安全感所致。有一位企業總裁去年自殺了，他的自殺讓我很震驚，也很遺憾。事實上，他在自殺前曾來看過我，說他活得很辛苦，我勸他要把心照顧好，把心安定下來，事情一樣一樣再來處理。其實他只要把觀念調整一下，認知逆境、順境都是過程，一時間無法處理的事，不代表永遠不能處理，只要等待機會，隨時可能有轉機。而他自殺了，這是非常可惜的事。

面對困境要朝最好的方向看

我們對自己要有信心，對未來要有希望，若能如此，就算是物質條件減縮、外在環境不安定，我們的心都還是踏實的。心踏實，就有平安。平安是可以影響的，我們自己平安，也把自己對未來的希望和作法告訴人，心裡的踏實感會更堅定。

我自己是從艱困的環境中走過來的，我小時候家窮，曾經窮到連一口飯也沒得吃，就去吃樹皮、樹葉子，還是一樣走過來了。我希望大家都能記住這句話：「心安就有平安。」外在環境的改變是正常的，人生遇挫折也是正常的，當我們面對挫折、面對困境，不必往最壞的地方想，而要朝最好的方向看。大雨天，你說雨總會停的；大風天，你說風總是會轉向的；天黑了，你說明天依然會天亮的！這就是心中有希望，有希望就有平安，就有未來。

再一次祝福大家新年快樂！二〇〇九年是很有希望的一年，只要我們有信心，就可以在失望之中看見希望，在艱苦的環境下創造快樂，在不景氣的年代裡擁抱幸福。

阿彌陀佛！

（原收錄於《二〇〇九法鼓山年鑑》）

傳薪創新　感恩發願

阿彌陀佛！祝福大家：二〇〇九年健康、平安、快樂、幸福！

二〇〇九年是法鼓山成立二十週年，《人生》雜誌創刊六十年，而僧團、護法會、中華佛學研究所成立三十週年，我們有個主題叫作「傳薪創新，感恩發願」，其中「傳薪」的意思是薪火傳承、薪火相傳，就是一代一代把經驗和資源，往下傳承。

法鼓山的過去，一路延續我的師父東初老人的腳步走過來，前後已經六十年了。對此我只有感恩，感恩在過程中，所有付出心血、時間、智慧和慈悲的人，幫助法鼓山這個團體，從一無所有變成小小的「有」，從小小的「有」變成一個看似不小的「有」，這是我非常感恩的。

傳薪 是一種責任

一九四九年創刊的《人生》雜誌，時間最長，至今已經六十年；其次是一九五六年落成的中華佛教文化館。當時東初老人便是藉由文化館和《人生》，發起臺灣首次的《大藏經》影印運動。在這之前，《大藏經》在臺灣很稀有，在我師父號召僧俗四眾把《大正藏》正、續兩編共一百冊影印之後，一夕之間，臺灣佛教界好像忽然變得有文化、有教育，而且有深度了。

這項臺灣佛教史上的一大啟發、一大轉變，是誰的貢獻呢？當時參與「印藏委員會」的小組成員，主要來自政界、文化界和佛教界，如當時的行政院院長陳誠、監察院院長于右任、立法委員董正之等等，雖然他們現在都已經往生了，但我還是深深地感念他們。

東初老人抵達臺灣後，買下現今北投「地熱谷」對面山坡的一小塊地，並且建了一間小房子，即是中華佛教文化館。我在文化館再次出家後，老人把《人生》的編輯工作交給我，可是我編了幾期，就到高雄美濃朝元寺閉關，而《人生》也因此停刊了。

閉關六年之後，老人還是冀望我回文化館，但接著我又去了日本。當我留學六年，完成博士學位回到臺灣時，老人很歡喜，到處對人說：「我的徒弟聖嚴從日本拿到博士學位回來了！」還請了好多朋友聚一聚，宣布我回臺灣了。可是在當時，我覺得如果留在臺灣，不管是文化或教育事業，都談不上有什麼發展空間，因此又去了美國。

到了美國之後，老人來看過我兩次。第二次來看我，覺得我可能還是會回來，因此，老人寫了一份遺囑，希望我回臺灣承接文化館。老人往生之後，我的確回來了，回來之後，首先將文化館重建。我那時是有企圖心的，重建以後，就在這裡創辦了中華佛學研究所，成為法鼓山教育事業的起步。中華佛研所的前身，是中國文化學院中華學術院佛學研究所，在文化學院董事長張其昀過世之後，我將它遷到文化館繼續辦學，至今也三十年了。

感恩　成就法鼓山一切因緣

中華佛研所一路走來，我要感謝的人很多，特別是成一長老、方甯書教授和李志夫教授，他們給了我許多幫忙，除了找信徒護持之外，又為研究所找老師、找學生，非常辛苦。

文化館重建期間，我們開始在農禪寺舉辦禪七、佛七，並且開辦譯經院，接著農禪寺也變得不敷使用，必須擴建。在一次次擴建之後，農禪寺從原來五十坪的農舍，漸漸發展為一千坪左右的臨時建築。由於農禪寺位於關渡平原保護區，隨時可能面臨拆遷，必須另外找地，為此我們走遍全臺，最後找到金山這塊地，也就是現在的法鼓山。到目前為止，法鼓山已經將近有九十甲地，主要畫分為寺院道場部分，以及法鼓山僧伽大學、中華佛研所、法鼓佛教學院和法鼓大學等教育體系部分。

有人問我，法鼓山是怎麼出現的？最初創建法鼓山的理念是什麼？我說沒有理念、沒有理由、沒有動機，純粹是因緣，讓我一步步地走下來。比如有些事不是我自己主動要做，而是由於信眾鼓勵，希望我建寺起廟，成就人們修行，如果沒有他們，我自己並沒有多大願力要開辦什麼，我唯一的願心，只是要將佛法傳播給這個世界，能做到多少就做多少。

因此，我非常感謝一路上陪我走過來的弟子、學生、朋友，還有護法居士。其中有一位臺中的何周瑜芬，在我們買地時，替我們向銀行擔保，最後還是她替我們付了錢；另有一位謝淑琴，也是臺中人，原本捐了一塊臺中的地給我們；還有一位臺北的林裕超，也捐了臺北縣瑞芳的一塊地，同時也有楊正、林顯政應允為我擔保；最後我們找到金山這塊地，便把一切因緣集合起來了。這一切的一切，就像百川匯歸大海，把所有的功德、資源，全都匯歸到法鼓山來。在這整個過程中所有奉獻、護持的人，都是我的恩人，也都是法鼓山的貴人。

我是隨順因緣的，因緣成熟就去做。現在回頭來看，我感恩這一點一點的小因緣，一直把我拉到現在，成就了法鼓山這個大因緣。

創新　使佛法普及

以目前來說，「心靈環保」理念已經成為法鼓山的標竿，事實上，「心靈環保」說新不新，說舊不舊。佛教的中心思想是「心」，是從心做起、從心去開發、從心去推廣，最後成就的也是自己的心。這是佛教的根本內容，所以說心靈環保的觀念並不新鮮，可是「心靈環保」一詞，過去從沒有人講過，因此也不陳舊。

「心靈環保」這個名詞的緣起，是一九九〇年，中華佛研所召開第一屆中華國際佛學會議時，好幾位外國學者跟著我一起上法鼓山植樹紀念，同行的還有一些新聞記者。當中一位記者與我同車，他說：「佛教給人的感覺太守舊，觀念保守、說法陳舊，不容易引起一般人興趣。」並且問我：「佛教能不能有個新名詞、新觀念，以帶動社會的新風氣？」我說：「現在最流行的就是環保，其實佛教原來就是講環保，我們講的是『心靈環保』。」這位記者很驚喜，他說：「太好了！『心靈環保』是個新名詞，也會是一種新運動、新風氣！」就這樣，我們開始使用「心靈環保」，到目前為止，已經成為我們這個團體的一種專利標誌。

心靈環保是佛教努力的目標，不論修行、淨化人心、淨化社會，都是從「心」開始。佛教講的「心」，是慈悲心和智慧心，也是構成「心靈環保」的主要元素。

發願　將漢傳佛教發揚光大

中國佛教在二十世紀中葉以後，在中國大陸已經奄奄一息，可是卻在臺灣欣欣向榮。原因是在臺灣佛教徒的心中，有一份薪傳的責任感，包括當時從大陸來臺的老一代和中、青一代法師，都朝這個方向努力。歷經五、六十年，大家的努力沒有白費，不管在軟體、硬體方面都留下許多建樹；軟體是人才的培養，硬體是寺廟的建設，可以說在中國佛教薪傳的史頁上，我們沒有留下空白。

佛教能在臺灣廣為發展，也要感謝臺灣社會開放的氛圍，政府雖然不鼓勵，卻也不妨礙我們，讓我們能有多少力量就展現多少力量；也感恩當時臺灣社會的和諧安定，讓我們能把佛教的影響力推廣出去。現今只要一講起中國佛教，大概不能不提臺灣佛教的經驗，臺灣佛教的發展與貢獻，也對中國大陸產生了影響，這是我們必須感恩的。

感恩之後要發願，如果感恩之後不發願，就無法繼續往前走。感恩是向過去緬懷，發願是對未來許願，許願在現有的基礎上，繼續向前。此時此刻的法鼓山已經有了基礎，如果我們不繼續往前走，那是前功盡棄了！

中國佛教這幾百年來的衰微，在國際上已經幾乎聽不到它的名字，聽到的都是日本佛教、西藏佛教和南傳佛教，現在我們好不容易有了基礎，也在國際社會漸漸展露漢傳佛教的能見度，就一定要發願，將漢傳佛教繼續傳播給全世界，特別是「中華禪法鼓宗」。我們法鼓山很努力，成立了獎學金、基金會、僧伽大學、佛教學院、法鼓大學等等，都是朝著這個方向發展，這是我們的願心——把漢傳佛教向世界發揚光大！

感恩諸位，祝福。

（二〇〇九年一月三日「心安平安．二〇〇八歲末關懷感恩分享會」錄影開示，原收錄於《二〇〇九法鼓山年鑑》）

附錄 歷年「法鼓山主題年副標」

年度	主題	副標
二〇〇〇	祝福平安年	踏踏實實做人，心胸要廣大；穩穩當當做事，著眼宜深遠。
二〇〇一	大好年	好話大家說，好事大家做，好運大家轉。大家說好話，大家做好事，大家轉好運。
二〇〇二	大好年	奉獻即是修行，安心即是成就。為他人減少煩惱是菩薩的慈悲。為自己減少煩惱是菩薩的智慧。

二〇〇三	福慧平安年	放下了人我是非， 宇宙萬物，原是沒有區隔的整體； 消滅了敵我意識， 一切眾生，無非彼此扶持的伴侶。
二〇〇四	和喜自在	我和人和、心和口和， 歡歡喜喜有幸福； 內和外和、因和緣和， 平平安安真自在。
二〇〇五	和喜自在	和喜，祝福我們來擁抱平安健康快樂。 和諧，祝福我們來分享平安健康快樂。 和平，祝福我們的世界永遠沒有戰爭。 自在，祝福我們的人間到處都是淨土。
二〇〇六	和平吉祥	和和氣氣，與人相處。 平平安安，日子好過。 吉慶有餘，自助助人。 祥樂豐足，迎接新年。

二〇〇七	和敬平安	祥和帶來人人安樂， 禮敬促成事事順利， 平等看待一切眾生， 安養世界成為淨土。
二〇〇八	好願在人間	許好願、做好事、轉好運。
二〇〇九	心安平安	只要心安，生活就有平安。
二〇一〇	安和豐富	知福、惜福、培福、種福。
二〇一一	知福幸福	知福、知足，有幸福； 感恩、奉獻，真快樂。
二〇一二	真大吉祥	安心、安身、安家、安業。 真心自在，廣大吉祥。
二〇一三	得心自在	心自在，身自在。身心自在，福慧自在。
二〇一四	和樂無諍	心平氣和，是非要溫柔； 和樂平安，我為你祝福。

二〇一五	光明遠大	智慧轉境，自心光明；慈悲利他，希望遠大。
二〇一六	光明遠大	念念清淨，遍照光明；步步踏實，前程遠大。
二〇一七	福慧傳家	修福修慧，安心安家；六度萬行，傳心傳家。
二〇一八	平安無事	止惡行善，心安平安；觀世自在，無事無礙。
二〇一九	好願在人間	許個好願，讓它實現；積極行願，造福人間。

（編案：二〇〇〇年至二〇〇八年的副標為聖嚴法師親擬。）

法會

喜新春・迎舍利・話吉祥

——因緣殊勝的佛陀舍利請供法會

諸位居士，阿彌陀佛！

今天最後一項活動是「佛陀舍利請供法會」。這是農禪寺第一次舉辦這樣的法會，能夠有那麼多的佛舍利，分給一百三十三人供養，這在臺灣，乃至於全中國都是第一次。現在我將開示分成四部分，一、新春信徒聯誼會成立的緣起和成果；二、介紹何謂舍利；三、這批舍利的由來；四、說明請到舍利以後，應該如何供養及供養舍利的意義。

新春信徒聯誼會成立的緣起和成果

兩年前，農禪寺即曾舉辦過新春信徒聯誼大會。當時是為了兩個目的：一、邀請信眾回來看看師父、看看農禪寺；二、為中華佛學研究所籌募經費。那次兩個目的都達成了，而且義賣的成績相當好，大家都非常捧場。因此有人建議每年舉辦一次，但是我沒有接受，因為凡是好的事情，不能一下子做得太多，正如好吃的東西要吃少一點的道理一樣。但是去年有人舊事重提，我們才決定今年再舉辦。

今年舉辦的目的只有一個，即歡迎諸位「回娘家」看師父，讓師父告訴大家，我們現在正在做什麼。而從新禪堂的兩個展覽室裡所展示出的相片和模型圖中，諸位又可以知道我們已經做了些什麼事、未來的目標是什麼。同時，今年我們也有園遊會活動。所有參與、提供半價義賣品的居士們都很發心，園遊會辦得很成功，大家都很歡喜。

何謂舍利

舍利是梵文，為遺體、遺骨的意思；也就是說，我們普通人火化以後叫骨灰，而佛火化以後稱舍利。據佛經記載，釋迦世尊涅槃火化後，他的身體全部化為舍利，有骨舍利、血舍利和肉舍利，一共有八斛四斗，當時曾引起八個國家的國王競相搶奪供養。

世尊涅槃後約經過一百六十年，印度國內有位英明的國王阿育王，他將佛所有的舍利收集起來，分成八萬四千份，分送到世界各地，並在每一地建立佛舍利塔。中國大陸的浙江省有座「阿育王寺」，就是當年阿育王送一顆舍利而建立起來的一座寺院。

只要我們虔誠供養，舍利會一顆變兩顆、三顆，乃至很多顆。在佛涅槃以後，凡是寺院都有一座佛的舍利塔，也就是我們所說的佛殿或大殿；而現在的大殿都只有佛像，沒有佛舍利，這是因為年代已久，佛的舍利不易找到，所以用佛像取代佛舍利，以做為對佛的供養。供養佛舍利，即相當於親自接觸到佛的身體。

很多人認為，舍利子打不壞也打不爛，所以它又被稱為堅固子。三年前有位住在花蓮的居士，聽說我有佛的舍利，便想盡辦法要從我這裡請一顆，我很捨不得但還是送了他，結果他為了試驗舍利究竟是不是真的，竟用非常鋒利的刀一劃，舍利子變成了二個，他一看認為舍利是假的，就把它丟掉了。我聽了好難過，後來請教專家，專家說舍利是佛身上的結晶品，不怕火燒，但用刀子、錐子砸還是會破的。那位居士知道實情以後，很後悔。

舍利的由來

今天我們所請到的舍利是從哪裡來的呢？這緣起於去年十月份我們到印度、尼泊爾朝聖，在尼泊爾的加德滿都街上，遇到一位西藏喇嘛。這位喇嘛就在我們的巴士旁，手裡拿著一大包的舍利，朝聖的團員問他一包賣多少錢？他說佛舍利不是賣的，是要給人供養的。於是就有團員供養美金兩元、五元請到舍利。我供養了美金一百元，請得十顆，後來又得到三顆比綠豆稍小一點的舍利，我想這可能是金剛舍利。因此回來前我們就準備要舉行一次佛舍利的請供法會，因為很難得能請到那麼多的舍利，我們決定用很隆重的儀式把舍利請回供養。但是我從美國回臺灣後，請舍利子專家鑑定，才知道那一批大舍利是山上的石頭舍利，而不是真正佛的舍利。他說：「雖然是石頭舍利，但在西藏仍然很珍貴，每當雕塑佛像時，他們總會嵌上一至三顆石頭舍利，代表佛的住世。」從尼泊爾到臺灣，縱然是假的舍利也要變成真的了，所以現在我們還是很寶貴地將它供養在佛前。

不過今天諸位請到的舍利不是那一批。因為既然不是真正的佛舍利，而我們發出去的消息是請供佛舍利，豈不是打妄語了嗎？何況當時登記請供的居士已多達一百三十三位，所以我們好多位護法居士，都為了這事傷腦筋。結果，因為正好有位善知識發大菩提心，要效法阿育王時代的那種盛況，收集全世界所有的舍利，把它編號到八萬四千號，到現在他所收藏的舍利已經不少，所以臺灣是非常有福報的。我們透過種種管道找佛舍利，今天我們發出去的一百三十三顆舍利，諸位請放心，絕對是真舍利，不是那一批石頭舍利。真舍利的光度、韌度和石頭舍利是不一樣的。

如何供養舍利，供養舍利的意義

最後，我要介紹的是如何供養舍利子，及供養舍利子的意義。佛的舍利分兩種，一種是有形的，一種是無形的。今天我們供養的是佛的色身舍利，是有形的；而千百年來不斷延續、弘揚傳播的佛法慧命則是佛的法身舍利，是無形的。

至於要如何供養佛的色身舍利呢？首先須將佛舍利安於家中最莊嚴尊貴的位置，保持肅敬、清淨與整潔；假如家裡的空間不大，同一個地方做多種用途時，不妨用一個像箱子一樣可以開關的佛龕將舍利塔裝設起來，避免對著舍利塔吃肉、喝酒、打牌，否則就等於是佛到了你家，你卻沒有好好地恭敬供養一般。當然，佛陀不會因此處罰你，不過這表示你自己沒有好好應用善根福德因緣來修行。

諸位不要以為佛像才是佛，舍利是佛色身的分身，而佛像只是佛的象徵，所以請到舍利塔即等於是得到佛色身的一部分。佛的色身住到你家裡，你的福報實在很大！所以你每天必須上香、禮拜、獻花，並準備鮮花、水果與清水供養佛舍利。如果你怕麻煩，很忙、沒有時間，至少每天也要做到把裝舍利塔的佛龕打開，拜三拜，諸位做得到吧！

在座聽開示的約有七、八百位，而請到舍利塔的居士只有一百三十三位，沒有請到的不用難過、失望，因為佛有色身舍利與法身舍利，只要你聽經、聞法、修行，福慧雙修，你就可以得到佛的法身舍利。法身舍利雖然無形，但它的力量更大、更普遍，念一聲佛號，讀一句經文、偈頌，或對三寶的布施、供養、護持等，都是在供養佛的法身舍利。所以今天請到釋迦世尊舍利的人固然有大福報，而今天來參與舍利請供法會的每一位大德，也都是有很深的善根福德，因此能來參加並聽到關於舍利的開示。

計畫中，我們希望將來在法鼓山有一座舍利塔，至少希望能請供一萬八千顆佛的舍利。那麼多舍利從哪兒來呢？這就要靠諸位供養的舍利的再生長。不過，請諸位不要一天到晚看它生長了沒有，以有所得、求表現的心供養舍利，這是與佛法不相應的。

生長在臺灣的同胞的確很有福報！我小時候只知道有一顆佛舍利，就是阿育王寺所供養的那一顆。許多人都要走上數千里才見得到，而現在排列佛前的一百三十三位居士，人人手上都有一顆，這是多麼難得、多麼不可思議！希望諸位能將自己對佛法的信仰、修行，勸導親戚朋友或子女接受，這也是在供養佛的法身舍利。最後祝福諸位平安、健康，福慧增長、早日成佛！

（一九九〇年三月一日講於佛陀舍利請供法會，刊於《人生》雜誌七十九期）

農禪寺梁皇寶懺開示

這是我們農禪寺法鼓山體系有史以來，第一次舉辦梁皇寶懺七詠日的功德道場法會。目的有二個：第一是為了紀念我們法鼓山體系在臺灣的第一代祖師東初老和尚圓寂二十週年，以及九十冥誕；第二項則是為了報答我們法鼓山體系所有的護法信眾。

修持七天梁皇寶懺，不僅為我們自己增福增慧、為我們的親屬消災、植福，也為我們的先亡眷屬、歷劫怨親超薦、度亡。並且我們將以這次法會的收入，為東初老人設立獎學金和講座基金，以這筆錢來培養弘揚佛法、研究佛法的人才，使得諸位的功德能夠永垂不朽。而且如果我們一起共修在一個清淨的道場，有清淨的僧眾來帶著大家共修，這效果要比你們在家裡一個人修行、少數人修行，力量大得多。而自己來參加共修，又比請人家來替你拜懺的功德更大。像今天起七來了一千五百多人，再加上中途先離開的人。加起來大概也有二千多人，而在場每一個人都能得到我們全體的功德、所有的力量。

這一次我們為了籌款設立紀念獎學金，所以也設立了功德主、總功德主和懺主等，但功德主的功德跟大家完全一樣，只是他們比較有力量來布施，所以請他們站在中間來代表大家上香、代表大家禮謝，並不是表示他們的地位更高。我們農禪寺和法鼓山所有的菩薩都是師兄、師姊，都是同修的菩薩伴侶，包括我聖嚴在內，都是平等的，沒有高低，請大家不要有不平衡的想法。

這次由於諸位菩薩們的熱烈響應、護持，使得法會一開始就非常順利、莊嚴。最後勉勵大家這七天之中，如果能夠排除萬難，最好七天每一炷香都來參加共修。如果因為你們有其他的因緣，沒有辦法每炷香、每天都來參加共修，那你在家裡或是做任何事的時候，都要默默地念南無阿彌陀佛。因為在這七天之中，你們每一個人都是功德主，你們每一個人都是在參加修行，不管你們在哪裡。最後祝福大家：萬事如意，功德圓滿。

（一九九七年九月二十八日講於北投農禪寺）

以佛法祝福大家

——全民祈福平安大法會暨會員大會歡迎詞

諸位貴賓，諸位法師，諸位護法的菩薩們：我以三寶的功德為您們大家祝福。我們法鼓山，是一個從事推動全面教育工作的佛教團體，所以我們今天舉辦全民祈福平安法會，不僅僅是宗教信仰的一項儀式，更是改善民俗、提振人心、莊嚴人性、淨化社會的示範活動；是以關懷社會的運動來達成提昇人品的教育功能。我們將要唱的「楊枝淨水」，是象徵觀世音菩薩清涼的大智慧，唱的「遍灑三千」，是象徵觀世音菩薩平等的大慈悲；誦的〈大悲咒〉，是介紹並代表觀世音菩薩顯現廣大願力的各種身分和功德；誦的《心經》，是闡揚佛教人生觀及宇宙觀的哲學概論。用深邃的智慧，來觀察分析人生宇宙的現象，就不會執著任何一種以利害得失來衡量自我價值的因緣。用平等的慈悲，來面對接受人生宇宙的現象，就不會放棄任何一個以幫助他人來圓融自我的機會。所以，正信佛教的主張：人類當以正確的觀念，指導正確的行為，以個人的行為，影響社會的風氣。因此，我們法鼓山的理念，便是「提昇人的品質，建設人間淨土」。我們相信：如果人心不正，行為乖張，便會引起鬼神的憤怒，以致於也為人間社會帶來疾病和災難等種種的不安。我們舉辦平安祈福法會的作用，固然是以佛法召請幽冥界的眾生，前來接受佛法的開導而放下心中的執著，或者往生佛國，或者轉生善道，接受了佛法的感召，至少也會成為保佑人間安寧的護法善神。再者，更重要的是，我們參加祈福法會的全體大眾，在祈禱諸佛菩薩及護法善神的加被之外，也應當學習諸佛菩薩的智慧和慈悲，來做觀世音菩薩的化身，以身作則，自度度人。人人若能如此，我們的人間社會，必定平安，必定祥和。

（一九九八年九月二十六日講於全民祈福平安大法會暨會員大會，刊於《法鼓》雜誌一〇六期）

感念生命的二重恩

——浴佛節開示

今天的「大願祈福感恩會」，富有兩層意義，一是慶祝兩千六百多年前釋迦牟尼佛在印度降生，一時空中出現九條祥龍作禮圍繞，為佛吐水作浴，於是有此「浴佛節」由來。

佛誕生後，為這個世界帶來了慈悲與智慧的光明，而我們為了感念佛陀的教法，感恩我們有幸能聽聞佛法、接觸佛法、修學佛法，因此每年此時都會舉辦「浴佛節」活動。

同時，今天也正是今年的母親節，這是一個感恩的日子。父母是我們的身生父母，佛則是我們法身慧命的父母，有了佛的出世，我們才能獲得佛法的滋養，才知道凡夫只要修行也有成佛的可能。而用什麼來修行呢？便是此生父母給予我們的身命，讓我們有了修行的工具；如果不具此生身命，我們是無法學佛的。

因此，不論是浴佛節或母親節，在在都是感恩的日子；感恩母親給了我們今生的人身，感念佛陀給予你我智慧的法身，兩者都是佛教徒的根本父母。我在這裡為普天下的父母祈禱，祝福他們每一位健康、平安、幸福、快樂。

如果父母已經往生，則讓我們用修行和祈福的功德迴向給他們，祝福他們在西方極樂世界蓮品高升，早日成佛、成為賢聖大菩薩，再回到人間來廣度眾生。但願諸位菩薩，除了藉由今日儀式感念佛的誕生，使世間能聞佛法，更勉勵諸位在平時生活中依遵佛的教法，自利利人，修學菩薩道。阿彌陀佛。

（二〇〇七年五月十三日國父紀念館「大願祈福感恩會」錄影開示，刊於《法鼓》雜誌二一〇期）

慶祝二〇〇八年浴佛節、母親節

南無本師釋迦牟尼佛！今天是第二六三二年的佛誕日。目前法鼓山在全球有幾十個分院、道場，大大小小都在同一個月，或是同一天舉辦浴佛節的法會和浴佛的儀式。

浴佛的來源是當釋迦牟尼佛誕生之時，據說有九龍吐水為釋迦牟尼佛太子沐浴。因此紀念佛陀誕生之日，都叫作「浴佛節」，我們是代表龍天護法為還沒成佛的太子沐浴。

浴佛的意義以現代而言，一方面為釋迦太子浴佛，一方面為我們自己內心的佛洗淨，即是清淨自己的身心，用浴佛來代表、象徵。每一個來參加浴佛的人，並不僅僅為釋迦牟尼佛倒一點水表示浴佛，實際上是為我們自己的內心淨化而來浴佛，這非常重要。

另外，今天也是母親節，中國的浴佛節和母親節時間非常接近，甚至在同一天，我們同為天下所有的母親祝福、紀念。母親很偉大，釋迦牟尼佛如果沒有他的母親，便沒有釋迦牟尼佛的誕生，我們也一樣，社會上所有的人都因母親而出生，因母親的愛護而成長，因此我們要感恩母親。

今年（二〇〇八）法鼓山推動的年度工作項目為「好願在人間」，就是每個人要發願，發什麼願？至少發一個或多個好願，大的、小的都可以，只要發願便能成功。願會隨著我們的心而實現，譬如二〇〇七年和二〇〇八年，法鼓山努力在推動「心六倫」活動，包括家庭、生活、校園、自然、職場和族群倫理。過去的倫理只有「五倫」，「心六倫」是我們提出適合時代環境需求，為全球性的倫理。同時，我們也積極在籌建法鼓大學，希望大家對法鼓大學奉獻建設基金，法鼓大學必能早日完成，這是我們法鼓山共同的願望。

「好願在人間」，祈願世界和平、平安、幸福。如何著手呢？從「心六倫」來著手。「心六倫」是適合時代環境的需求，是全球性的倫理。祝福大家，阿彌陀佛！

（二〇〇八年五月十一日臺北市國父紀念館「好願祈福感恩會」錄影開示）

景氣愈不好，愈需要佛法

——二〇〇八第二屆水陸法會送聖開示

水陸法會是我們一年一次的殊勝法會，每一個壇場我至少都去了一次，即使是最難走的法華壇，我也走上去了。我沒有辦法每一個壇都參加，可是一個壇一個壇去拜訪、去禮敬、去關懷，我雖然是個老病之身的老和尚，仍然希望能親身感受法鼓山水陸法會的殊勝。

法鼓山的僧俗四眾每日忙進忙出，從早忙到晚，從預備開始一直忙到今天圓滿，接著還要忙善後，那大家有沒有收穫呢？有，但收穫的是功德，而不是錢。

法會所收的功德金都用到哪裡呢？告訴諸位，我們用來辦教育，除了法鼓佛教學院、法鼓山僧伽大學、中華佛學研究所等都需要辦學的經費。另外，法鼓山本身每天一開門就有許多花費產生。所以，我們沒有辦法也要想出辦法來，相信只要有佛法，就會有辦法，而我們的辦法就是除了弘法之外，還舉辦法會，因為法會收到的功德金，不但可以維持法鼓山這個道場，也可以維持法鼓山的教育、文化以及各項活動的推動。

道場需要大家護持，雖然景氣不好，收入減少，更要發大願心來護持我們的道場、我們的教育事業、文化事業，以及各種各樣的社會福利事業。所以諸位來參加法會，除了為你們自己修福修慧，也是為法鼓山這個道場、為三寶的門庭來做護持。

今年送聖的時候，有四個殿堂都坐滿了人，可見景氣愈不好，大家愈需要佛法。因此，也希望法鼓山的門庭愈來愈興旺，出家法師的人數愈來愈多，這就要請大家多多用心地護持了。

除了參加法會護持之外，平常要不要念經、拜懺、念佛、打坐？這些都是平常的訓練，不能只在法會期間努力用功，平常就把修行這樁事擺在腦後。所以，勉勵大家平常也要持續修行。

（本文摘錄自二〇〇八年十二月五日法鼓山園區第二屆大悲心水陸法會送聖儀式開示）

文化 · 出版

擂擊慈悲的法鼓

——《法鼓》雜誌發刊詞

釋迦世尊在印度的菩提樹下成道後，佛教便開始廣度眾生、普化人間的偉業。二千五百多年來，佛法的傳播，安慰、鼓勵了無量無數的人們，也為世界帶來了慈悲、智慧的光明和希望。

弘揚佛陀聖教有賴於廣大佛教徒的護持，透過身教、言教和自利利他的各項修行活動，將佛法普及於世間。以佛法的化導而言，雖身教重於言教，而言教的功能亦極為深遠。釋迦世尊初度五比丘，是以言教；佛教之能傳布世界而歷久常新，也是因為擁有豐富的三藏聖典。弘化的工作，必先要憑藉語言、文字的宣導。所以，《法華經》說「轉無上法輪，擊于大法鼓」，無限地推動佛法，普遍地度化眾生，此即是轉大法輪、擊大法鼓的實旨。輪是印度古代的兵器，鼓是二陣交戰時的號令；由於佛法所到之處，「國邑丘聚，靡不蒙化；天下和順，日月清明」，大智、大仁、大勇的佛音，振聾發聵，啟迪人心，故喻之為法輪及法鼓。

我們處身於科技文明日新月異的現代社會，人類物質生活的改善固然不容否認，精神生活的墮落也是有目共睹的。而科學愈是昌明，心靈愈加糜爛，正如經中譬喻：人之貪欲，猶如以海水止渴，喝得愈多，渴欲愈甚。所以，現代人更需要佛法的清涼活水來滋潤動盪不安、煩躁無奈的心；用佛教的信仰、觀念與修行的方法來疏導、紓解、疏通、消融現代社會的種種問題。《法鼓》雜誌的誕生和我們另一刊物《人生》月刊的發行是相輔相成的。《人生》月刊的宗旨在於智、仁精義的倡導，《法鼓》雜誌則著重悲、勇願行的推動。因為法鼓山道場的出現，開拓了我們對於明日佛教的理念，那就是：「提昇人的品質，建設人間淨土。」

我們共勉的信念是：

培育弘化的人才，擂擊慈悲的法鼓；
促進平安的社會，建立和樂的家庭；
養護健康的身心，展現明天的希望；
布施的人最有福，行善的人大功德。

（原收錄於《一九八九—二〇〇一法鼓山年鑑》）

把佛法給每一個需要的人

——對《法鼓》雜誌的期許

《法鼓》雜誌一百期了！一份雜誌能夠經營一百期，而且每月如期出刊，是相當不容易的一件事。尤其是佛教的刊物，往往由於人、事等種種因素，而無法持久。而我們《法鼓》雜誌非常幸運，雖然創刊至今八年多，曾經也有些人事的更替，但是因為法鼓山這個大團體相當穩定，而且理念、目標明確，因此《法鼓》雜誌能夠一路走過來，並且不斷成長茁壯，這是非常值得欣慰的。

感謝曾經參與的菩薩

從編輯及發行上，便可一窺歷年進步的軌跡，早期的《法鼓》雜誌是十六開本的雜誌型，到了第二十五期改為報紙型，初期只有一大張四大版，目前則擴增為兩大張八大版，這要感謝每一位主編、採編、發行等同仁菩薩的用心和努力。至於發行量更是呈倍數成長，從剛開始的幾千份到現在的十多萬份；寄發作業從早期的外包，到近年來由數百位義工菩薩們負責，摺疊、包裝、郵寄，一貫作業，每期都非常準時、順利地送到每位讀者的手上，我要為此感謝曾經參與的每一位菩薩的奉獻。

《法鼓》雜誌的主要內容，為報導法鼓山體系內四眾弟子的活動，並宣揚法鼓山的理念，以新聞、專欄、專題報導的方式呈現，並且刊登我個人在各種場合，針對信眾的講錄、開示的內容以及經典的宣講。希望透過這些文字的媒介，把法鼓山「提昇人的品質、建設人間淨土」的理念，深植國內外廣大信眾的心中。

至於我們的讀者，亦即我們發行贈閱的對象，主要是法鼓山體系內的全體信眾，包括皈依弟子、護法體系的成員，以及各營隊和會團的成員。發行的地區，已經擴及世界亞、歐、美各地區，凡是希望獲得法鼓山訊息的廣大信眾，都可以按月看到這份刊物。

共同灌溉這片肥沃的福田

也由於本刊是使用中文發行，因此我們更進一步希望，只要有華人的地方，就能看到這份刊物，讓法鼓山的理念傳遍世界各地。

因此，未來在經濟條件許可的範圍內，我們考慮將發行網跨到法鼓山體系以外的社會大眾，讓更多人與我們分享法鼓山的理念。不過，到目前為止，這份刊物還是屬於內部服務及關懷的性質，可說是內部的一項福利措施，讓每位對法鼓山盡了心力的信眾，都能因此得到一點回饋；對能收到這份刊物的讀者，也算是一項榮譽。希望讀者們能珍惜這份刊物，自己閱讀之外，也能夠與親友們輾轉分享。

當然，本刊有待改進的地方還很多，可成長的空間也很大，除了我們的工作同仁，包括編輯、發行部門，將會不斷地研究改良，充實內容、美化版面，讓廣大的讀者得到更多的利益和更多的方便。也盼望每一位讀者都能給予我們支持和指教，共同來灌溉這一片肥沃的福田。

法鼓山的理念是藉由《法鼓》雜誌來傳遞，但是發行這份刊物的目的，除了為讀者直接提供指導人生的方向、淨化人心的方法，也盼望透過這份刊物，把觀念、方法及活動，轉變成諸位讀者生活中可以實踐、活用、實用的參考。同時也把大家修學佛法的心得，寫出來寄給本刊，分享給任何一位需要佛法幫助的人，唯有如此，法鼓山的理念才可大可久，能夠持續地發展和推廣。

最後，祝福本刊持續成長，也為諸位讀者的愛護與支持，致上無上的謝意。

（刊於《法鼓》雜誌一〇〇期特刊）

如何做一位稱職的讀書會主持人？

會前

（一）分配工作

組內每個人都應分配工作，但不是每次指定一個人看，其他人都不準備，臨時才提問題發問。應該是每一個人在事前就先讀同一篇文章，分配每個人負責一段落精讀，讀書會現場只提出心得、感想向大家報告。

（二）程度不同怎麼辦

讀書會的團體中，程度可能參差不齊，有人佛學程度好，有人才剛入門，是否要分級分班呢？

原則上，一開始不依程度分班，程度再好的人也需要重新讀師父的書，因為大家對師父的理念及如何推動正信的佛法，仍然不是很清楚，故毋須分班。

佛學程度好的人，在討論過程中正好可以擔任小老師，帶動大家讀書，幫忙解決一般的佛學名詞或問題。待人慢慢多起來，再視程度分班分組。

（三）工具書

參與讀書會的成員最好擁有《實用佛學辭典》（丁福保、何子培編），以備查佛學名相。事實上，讀師父的書用到辭典的機會不多，大部分都已講得非常清楚。倘若沒有個人的辭典，也可以來寺中查，或由某人提供個人的辭典給大家查用。

進行中

（一）進行程序

開始時，大家起立問訊，念〈四眾佛子共勉語〉，然後問訊坐下，開始討論。結束時，大眾一起念法鼓山的八句共識。

（二）介紹新會員

讀書會開始倘若有新會員加入，應介紹給大家認識。但討論時，仍以原來的會員優先。

（三）掌握主題

讀書會裡，主持人只是一個溝通者的角色而已，應以真誠、純樸的心來與人共享，也應有「成人即是成己」的共同體認，所以，為了讓大家充分參與、充分學習，應讓與會的每一個人都享有充分的發言權，但須適時提醒大家充分掌握主題，以免閒岔扯遠了，浪費大家的時間。

如果有人發言偏離了主題，應和善、技巧地中斷他的發言。中斷他人發言，應不存個人好惡，並肯定別人的意見，只因時間的緣故，不得不請其中斷，同時對其表示，希望下次能有機會針對他的觀點進行討論。

【小技巧】如何中斷他人的發言

「您的問題很有意思，也很重要，不過今天的主題是□□，很抱歉，下次我們再來討論這個有趣的問題，現在請回到主題發言。」如果他說說又偏離了主題，則再以筆敲桌子，提醒他，時間有限，下面還有人要發言，請他第二輪再發表。

（四）掌握時間

讀書會的時間不宜太長，也不宜太短，太長則精神容易渙散，太短則無法抓住重點。

為使場面熱烈、氣氛濃厚、參與意願高昂，主持人應充分掌握時間。討論發言的時間應該平均，避免集中在少數人發言，每章節的討論時間也應平均，但是，主持人對時間雖然預先有結構性的規畫，仍須與團體同時進行，尊重大家的意見。如果每次均能掌握在欲罷不能、意猶未盡的高潮時結束，讓大家帶著珍惜的心情，回家好好反芻消化，相信獲益會更多。

【小技巧】如何在熱烈的發言中結束讀書會

主持人可以說：「今天大家的意見都太好了，相信每一個人都很有收益，有所成長。今天時間到了，每個人家裡還有事，大家回去後，請再反芻消化一下，相信獲益會更多。」

（五）如何設計問題、誰來回答問題

設計問題引發討論，應從簡單、每個人都會回答的問題開始，再由問題的內容去引申，開放性地問話，側重觀念的釐清、對比性的問題，邀約大家討論時，態度宜真誠而客觀。

參與討論是一種榮譽，也是一種權利，應鼓勵大家踴躍發表自己的心得和意見，如果沒有人主動發言，讀那段的人有義務先回答，萬不得已，才採取依次回答的方式。

討論過程中，應肯定每個人就不同的角度提出的看法，避免否定他人的意見，傷害他人的自尊心。回答問題的人，態度也應真誠懇切，不可敷衍了事，萬一遇到自己真的不熟悉的問題時，可以坦白地說：「這個問題我倒沒想過，不過我可以試著回答看看，如果不清楚的地方，請大家多多指教。」

【小技巧】如何設計問題引導發言

問題設計舉例：未讀前的認識為何？讀過之後，有何不同的認識？一般常識對這個主題的看法，有何不同？針對同一主題，與其他書做比較、研討。

又：聽過他人的發言，有沒有得到什麼啟示？得到什麼成長？如果今天請你就這個主題寫文章，你會採取什麼角度，表達什麼重點，傳達什麼訊息？……。

（六）用心激發，敦促大家參與討論

主持人對於所有的意見，均應不存底線地聆聽，以充分掌握討論的內容，對每個當下，盡量給予肯定的回應，至少給予肯定其參與的熱忱。對於不願回答的人，應當試了解其不參與的原因，體諒他當時的情緒，給予適時適量的關懷，再敦促其回答問題，或提醒他。對於始終不發言的人，可等大家都發言完畢，再請他回答。至於如何判斷其不參與討論的原因，須靠主持人的經驗、智慧與耐心，敏銳地觀察、機智地試探，適當地回應、適時地調整。

【小技巧】如何關懷一直沒有發言的菩薩

1. 如果他是因為缺乏信心而不敢發言，主持人可以「智者千慮，必有一失，愚者千慮，必有一得」的話語來鼓勵他，待其回應之後，更須馬上給予積極肯定的回應，以增益其信心。

2. 如果他是消極地不想參與，可提醒他，這是一份權利，也是發菩提心的方法與機會；並表示，不論正反意見，都是大家所希望知道的。

3. 如果對方當時情緒實在低落，無法發言，而非不願發言，則不要強迫其發言，以免造成他更大的煩惱。但是在討論的過程中，應時時注意他的反應，盡量有意無意、有形無形地給予他關懷和幫助其走出情緒的低潮。

（七）避免批判言論的產生

我們對每個人的意見，不論對錯，不立即、當場給予二元化的價值觀判斷，對於所研討的書，更不可批評其好壞，只需就自己所見，發抒所感即可。

站在不同的立場、不同的時間場合，本就會有不同的看法產生，讀書會的目的，不在評論對錯，而在藉書讀人，讀人背後的思想，讀文章背後所蘊藏的時代意義，如斯的態度，我們方可對因緣、因果，有更深一層的體認與感受，也才能真正體會佛法的中心意旨。

【小技巧】如何調和各種不同意見

針對各種不同的意見，主持人只需肯定大家回答的誠意即可，可說：「大家的說法都很誠懇，沒想到小小的問題會有這麼多不同的看法，這很好，也正是讀書會的目的。」

（八）主持人應輪流擔任

讀書會的進行，最理想的狀態是，與會的每個人都能有主持人應有的認識與精神，適時、不經意地給予幫助、帶動氣氛。但是，在進行當中，仍應有人代表統理大眾、主持場面，這個主持人，應由與會的每一位成員輪流擔任。

首次可由較有經驗的人擔任，甚至連續二至三次，再由其他人輪流。同時其他人也可以憑著程序和要點，適時提醒、輔佐主持人。

結束時

（一）選擇下次討論主題

如讀〈四眾佛子共勉語〉，不一定要完全按照原文順序來讀，但應留下記錄，以免日後遺漏。如果同時有兩個以上的題目，則舉手表決。

原則上主持人不參與投票，若遇雙方票數相同，主持人可參與表決，形成多數而決定之。

【小技巧】如何讓大家達成共識

如果大多數的人都贊成，而有極少數的人表示，這個題目已經讀過好多次了，主持人這個時候可以針對這種狀況說：「很好，讀過這麼多次，你一定很有心得，正好可以跟大家分享、交換心得。」

（二）分配下次工作

讀書會結束之前，應分配下次大家分別負責精讀的段落，以利下次的討論。

（三）確定下次讀書會的時間和場地

（摘自〈法鼓山讀書會準則〉，一九九五年五月十五日講於美國紐約東初禪寺，刊於《法鼓》雜誌七十三期）

英文《禪通訊》滿一百期了

諸位《禪通訊》的讀者：

我第一次給你們寫這封公開信，感到很高興，因為我們的《禪通訊》（*Chan Newsletter*），迄本期為止，已發行到第一百號了。希望你們一齊來共同分享這一份喜悅。

回憶我們於一九七九年十一月，發行第一號《禪通訊》時，在紐約跟我同住的只有 Paul Kennedy（保羅．甘廼迪）一個弟子，租著一間平房的小樓，連每月四百多美元的房租都付不起，卻憑著弘揚中國正統禪法，協助此間人士獲得禪法利益的心願，便開始了我們的工作。

《禪通訊》在原則上是一份月刊，但是當我們另外一份《禪》雜誌（*Chan Magazine*）季刊發行的月份，《禪通訊》便不出版，因此，每年發行八期，可是我們的編輯和發行工作，卻靠極少數的幾位義工擔任，有時遇到情況，偶爾也會脫期。

《禪通訊》已經過好幾位不同的義工擔任編輯和版面設計，他們都很認真盡心，所以它的外型從兩張單頁的十六開散裝紙，到現在已是一份設計新穎裝訂成冊的小雜誌。為此花的時間最多，貢獻心力最大的，便是Harry Miller及吳果西。借此機會，我要代表讀者群向她們二人說聲：「辛苦了，謝謝。」

《禪通訊》的內容，是以刊出我的講錄為主，由於我的英文程度尚不能親自執筆，也不能直接用英語演講，所以麻煩了幾位為我擔任翻譯的弟子。正因為如此，一篇稿件，由我口述，經過語譯、逐字抄錄、重整編輯，到印在《禪通訊》內，郵遞到你們的手上時，其間已有不少熱心人的努力在其中了。

《禪通訊》每期發行後，多多少少，會有一些讀者寫信來，表達他們的心聲。也常有其他定期或不定期的刊物編者，來徵求我們的同意，讓他們轉載，只要他們答應附加註明，是從禪通訊獲得許可的轉載，我們會感到那是非常光榮的事，我們的目的是為弘揚禪法，能有人願意替我們做第二度傳播，當然是太好了。

最後，我除了要感謝諸位讀者多年來對於《禪通訊》的愛讀，並為你祝福之外，更要緊的是希望你能給我們寶貴的建議，好讓《禪通訊》陪著大家一齊成長，走出更遠更寬的路來。

聖嚴師父一九九四年二月十日

（刊於《法鼓》雜誌五十四期）

佛教與現代藝術的結合

藝術是在表達一個人的觀念、想法及對於宇宙人生的感受，所以，最能直接而敏銳地表現當代的文化。因此，藝術創作常與宗教信仰，或對宇宙的體驗、對大地的觀察及時代的社會變動有很大的關係。

藝術創作反映時代性

例如釋迦牟尼佛時代的中印度社會是非常素樸的，所留下的石刻藝術是菩提樹葉、象等自然界的素材，並沒有以人體的佛像為表現的藝術作品。而到了西北印度的犍陀羅藝術時期，則受到希臘藝術常用人體素材為石雕作品的影響，才開始有佛像藝術。這是由於希臘是遊牧民族，重視人的體力表現，故常在藝術作品中表現人的肌肉之美。

因此，我們在犍陀羅藝術中常見佛像的藝術，而這些佛像往往是人的美化，例如佛像中的三十二相，是傳說中的轉輪聖王所具備的，信仰中的佛身也具足三十二種殊勝容貌與微妙形相。所以，佛像是人的理想化。例如在中國大陸的甘肅麥積山有一尊泥塑像是北魏皇后像佛身化，敦煌石窟中也有很多佛菩薩像的窟門二側是功德主的雕像，名為供養人，因為他們相信塑佛像有功德，同時希望自己也能成為菩薩。石窟中的佛菩薩像也進入繪畫中，即有描繪經典所記故事之「經變」。

所以，過去的佛教藝術，一般表現在繪畫、雕像及音樂上，但是在現代藝術中，除雕塑與繪畫之外，也宜表現在裝置藝術和行為藝術上。例如在這次為「九二一災後人心重建」在臺中國立臺灣美術館所舉辦的「感恩」活動中，邀請到幾位國際知名的傑出藝術家，他們以現代藝術的表現手法，使時間和空間在藝術的表現中留下永恆與無限。

世界上沒有任何一樣東西是永恆不變的，都會無常變化的，唯有不存在的東西，才是永恆的，唯有不占空間的，才是無限的。

佛法、藝術完美融攝

例如蔡國強先生的爆破藝術是充滿新時代的科技性。「火藥」運用在人類的生活中，若用得好，是一種能源；但若用不得當，即是一種毀滅。此次蔡國強的《九二一的烙印》，可說是一種哲學上的觀念，透過火藥呈現毀滅的過程並留下烙印，這就如佛法中的「業力」的觀念，火藥代表著虛幻的能量，所造作出來的是虛幻，卻能在虛幻的毀滅過程之中，呈現美的線條。雖然事後已看不到火藥爆炸的現象，但已留下了烙印的藝術品。

透過這項藝術作品，不但具有陶冶性情的藝術成果，同時也具有記取歷史教訓的教化功能。就如在地震時，沒有人看到震波的狀況，但是用爆破藝術的手法，重現了地震的強度及其瞬間毀滅性的威力。「前事不忘，後事之師」，這與我所說的「受災受難的是菩薩，是我們的老師；救災救難的是大菩薩」的觀念是吻合的，因為他們的罹難代替了我們，並為我們留下教訓、給我們警惕。而蔡國強先生並將我所說的這句話寫在他的作品上，再結合藝術理念，完全表現「大乘佛法的精神」，這就是當代的「佛教藝術」，雖然作品中沒有佛菩薩像等具相的表現，但是佛法的精神已在其中。而且這幅現代藝術品可以留存超過五千年，屆時就如雲岡石窟的藝術作品，一樣能夠代表二十一世紀初的佛教藝術。

又如裝置藝術，在薛保瑕的作品《問》中，則富有「禪」的精神，就如話頭禪的問「為什麼？」、「為什麼？」作品中間的透明材質所成的板狀懸浮物，代表不穩定性，當風一吹，必跟著動，象徵著隨時可能有危機；而四周由木片呈現圓弧狀圍繞，象徵著人類彼此的連結，並且向無限的天空發問：為什麼？為什麼？就如大地震一發生之後，大眾都不斷地在問：為什麼發生在臺灣？為什麼死傷這麼多人？為什麼是我們受災？但是沒有人知道，也問不出來，因為因緣不可思議、因果不可思議。

以人類的智能和常識，永遠不會得到正確的答案，就算有一千個答案，都不是正確的。唯有面對它、接受它、處理它、放下它，才是智慧的態度，這是跟禪法的精神相吻合的藝術創作。

讓藝術生命超越時空

又如楊茂林的《百合星座》，以雷射光點光束昇起、奔向天空，譜成天上的新星座，百合象徵著臺灣。它雖不是真的成為太空的新星座，卻與資訊的網際網路配合，每年追蹤它，給予新資訊，可讓大家在網路中關心這個星座，紀念九二一大地震的災難經驗，用來撫慰人心。它的製作過程，在各災區埋下《阿彌陀經》的七寶，便是行為藝術與佛教信仰的表現。

而在陳建北的作品《祈福》中，由大眾捧著二千四百盞燭火，在地上裝置成一幅蓮花的造型，象徵將二千三百多位罹難者及受創的大地，於災後化火焰為紅蓮，蓮花象徵人心及社會的淨化，人間淨土的實現。這幅活生生的作品，記錄成影帶及照片，便富有超越時空的藝術生命。

至於李明維的《菩提》，在現場雖未見到，但他特別前往印度的佛陀成道處菩提伽耶，取得菩提樹的幼苗，將於二〇〇〇年的九二一大地震週年紀念日，移植於南投埔里國中的校園，並在樹的周圍做若干裝置，使得此樹猶如其母株那樣地永久受人們的懷念與注目，以象徵災難中罹難者們都能早日以菩薩身成就佛道。

以此可見，這回法鼓山與現代藝術創作家們結合而舉辦的感恩大會，是極富時代意義的佛教藝術活動，必將影響深遠，達成人心重建任務。

（二〇〇〇年一月十五日講於臺中國立臺灣美術館「感恩」活動，原收錄於《一九八九—二〇〇一法鼓山年鑑》）

讓佛頭回到佛身

當我於一九八九年到印度朝禮佛陀的八大聖地時，見到許多佛教的古石雕像，遭到歷代各種因素的破壞，以致殘缺，甚至面目全非，心中疼痛難抑。

後來訪問中國大陸，見到雲岡、龍門、敦煌等地的石窟佛像古雕，受到風霜剝落侵蝕之外，最嚴重的是被盜取了頭部而留下了身軀，真有慘不忍睹之感；後來我訪問東、西方好多國家的博物館中，竟然收藏了這些佛教的石雕，當作人類古文明的藝術品在展示。這種「身首異處」的情況，讓我悲傷不已。

一九八八年，我回大陸探親時，見到許多寺院的佛像遭受文革破壞；二〇〇一年初見到新聞報導說，阿富汗回教神學士政權將巴米揚地方的古代石雕大佛像徹底炸毀，都使我有被截肢挖肉的痛感。

因為那不僅是人類智慧及其心血勞力所留下的文化遺產，更是古代先民精神信仰的象徵；我們緬懷先民的遺澤芳範，能夠產生承先啟後的文化新思維，也能夠踏著先民的腳印走出更加進步的路來。

因此，今年（二〇〇二）春天，當佛教古文物的愛好之士告知我，有一尊古代佛頭石雕，已由數位臺灣善心人士從國外輾轉請到了臺灣，準備捐贈法鼓山正在籌畫中的佛教歷史博物館收藏。我的立即反應是除了感恩，便是交代延請臺北藝術大學林保堯教授研究探察，此一佛頭是出於大陸何處？最好使之回到佛身的原位，結果又請來山東大學的劉鳳君教授，鑑定確為山東濟南柳埠鎮神通寺隋代四門塔於一九九七年的失竊物。經徵得共同捐贈人的同意，才有了我們這項「流轉．聚首——祈願山東四門塔阿閦佛重生」活動的產生。

（二〇〇三年一月一日，刊於《人生》雜誌二三三期）

感動與歡喜

當這尊面帶慈悲微笑的古佛頭像，在我面前出現之時，內心的感動與歡喜，難以形容，便強忍住奪眶而出的眼淚，立即拜了下去，俯伏在地。好像流離失所的孩子，重逢慈母，投懷相依。

我不知道在過去世中，是不是曾經到過山東神通寺的四門塔？是不是曾經禮拜過這尊佛像？但是，我們從中國佛教的古文獻中，得知神通寺的歷史，是於西元第四世紀初的僧朗創建，直到目前該寺尚有一座「朗公塔」。

至於「四門塔」是建於隋煬帝大業七年（西元六一一年），那正是經過北周武帝滅佛運動之後，改朝換代，隋文帝及隋煬帝父子兩人，全力復興佛教，屢次命全國各地興建寺院佛塔，「四門塔」及塔內的四尊石雕造像，也就因此問世。

我們必須認知，對這四尊佛像，後代的一般人士，雖把它們看作稀世的古代文物遺珍，對於信佛的人士來說，經過一千四百年之間，都是把它們當作佛身及佛的無量悲智來禮敬供養的，就是看作住世護世普度眾生的古佛來瞻仰皈依的。

在隋唐時代，佛教的信仰中心，就是以佛塔來象徵佛身住世的。所以我也將此佛頭，當作佛的真身舍利來禮拜了；我也與曾經拜過這尊佛像的千千萬萬善男信女，同結善緣了。

山東神通寺，迄今留有三項國寶級的古蹟，那就是千佛崖、朗公塔及四門塔。在佛教史上，四門塔的造型，是全國唯一的，所以受到國際學術界的高度重視，在四門塔內的四門各有一尊造像，迄一九九七年為止，保護得最完整的，便是東門阿閦佛的雕像。

我們相信，這尊古佛頭像，來到臺灣的任務，是為臺灣的各界人士，廣種福田、廣結學佛因緣的，是為海峽兩岸的狀況，帶來和諧、增長文化交流及宗教友誼的。所以在臺灣展出之後，我們將此佛頭捐贈四門塔，身首復合，重啟光明。

此對於漢傳佛教的復興，也有象徵意義。因為我們正在推動漢傳佛教人才的培育，除了弘揚禪宗，便是天台宗的教觀，而此佛像雕造於隋煬帝時代，煬帝便是天台大師智顗的大護，這也是使我感動歡喜的原因之一。

（二〇〇二年秋，刊於《人生》雜誌二三三期）

感動與願望

當在一九六〇年代至一九七〇年代，我每於國外的博物館及私人收藏所，見到中國古文物，包括石雕的佛頭像、整面的摩崖浮雕與壁畫，還有卷子的線裝的佛教文獻，就讓我感動流淚，慶幸這些先民的遺產由於流落國外而被保存。

到了二〇〇二年的今年，查悉有一件山東四門塔的古石雕佛頭像，在一九九七年被竊，被當作商品，輾轉到了臺灣，又使我感傷流淚，今天的文明世界，包括中國大陸在內，都知道要保護宗教，保護古文物，竟然還有人由於愚昧無知而把古代的宗教文物破壞出售，真是古文物的災難。

所不同的是，一九六〇年至一九七〇年代，我慶幸中國的古文物保存在外國，現在我希望把它捐贈給原主四門塔。

我有兩項願望：

一是盼望藉此因緣，呼籲兩岸的民眾，培養起保護各種古文物的常識，通過媒體以及學校的教育推動它。

二是盼望培養兩岸民眾的宗教信仰，做為精神道德的約束規範，做為一個佛教徒，縱然是文盲，如果相信善惡到頭終有報的因果觀念，縱然今生不報，來生必報。這樣就不至於因為貪取眼前的財物誘惑，鋌而走險了。

（二〇〇二年十二月十六日四門塔捐贈儀式致詞，刊於《法鼓》雜誌一五七期）

活動

第一屆中華國際佛學會議綜合檢討會開示

各位法師、各位居士，我們第一屆中華國際佛學會議已經在昨天完全結束，功德圓滿。我在〈緣起〉中曾提到的會議之宗旨和目的，我們可說是達成了——一來引進國際佛教學術界的研究成果，讓他們知道我們正朝著這個方向在努力；同時也使國內的教界及非佛教人士，很快地認同佛學研究的重要，再共同致力從事於人才的培養。二來，佛教之所以能經過兩千五百年的歷史，而能歷久彌新，愈傳愈廣，就是因為有精深博大的內涵做為後盾，可見佛學的研究是跟全體佛教徒，乃至整個人類社會文明息息相關的。而我們會議的效果，可以由大眾傳播媒體相當篇幅、數量的報導中看出是很成功的：有十幾家報紙刊出消息，有的報紙連續報導了三天、四天，佛教刊物更是以專輯的方式完整地製作全貌……，可以說這次會議是受到了重視和肯定；我們所帶動的風氣，對佛教界的啟發相信會是長遠的。

經過這樣的一次國際佛學會議，大家增長了很多經驗和耐心，也開拓了視野和眼界。我非常感謝游祥洲老師，而每個人全心一意，忍苦耐勞地把會議完成了，更使我既難過又感動。在各位的心裡有一個師父，是你們的皈依處，而你們是皈依三寶、依止三寶的，我也依止三寶，因此這畢竟是我們大家共同完成的一樁盛舉，不是師父個人的事；這次無量的功德是屬於大家的。

我們這次會議，各組的工作人員厥功至偉。因為對學者的服務周到、體貼、無微不至，使他們感到溫暖、親切，感到必須要有所回饋，有所付出。所以每場的論文發表討論會都坐得滿滿的，不但如此，他們不僅在會場討論論文內容，回到飯店以後還在討論，到其他的場所，也都在你一言我一語地討論會場裡的事。這真是難得的。

執行祕書陳璽如抱病參加工作，醫生要她休息，我也很擔心，可是她說，師父您放心，我把會議完成了再去住院。這樣捨命為佛法而忘軀，全部地投入、貢獻自己，我很感謝她。我們祈求菩薩保佑，祝她身體早日康復。所有上、下兩院的居士和職員、研究所的師生及農禪寺的住眾，都沒有計較工作的辛苦，毫無怨言，自動自發地全力付出，這是只有我們學佛的人才能夠辦得到的。我代表眾生向各位感謝！我替一切因佛法而得到利益的眾生感謝各位！謝謝！

（一九九〇年一月十七日講於北投農禪寺，刊於《人生》雜誌七十八期，為原開示之摘錄）

禪・念佛・法鼓山

——一九九〇年新春信徒聯誼大會開示

步步高陞

今天是農禪寺新春信徒聯誼大會，我首先祈求三寶為諸位祝福，祝福諸位新年愉快、萬事如意。

剛才前一個小時是拜見師父的儀式，我是代表三寶接受諸位拜年；佛教不強調個人崇拜，我何德何能，讓諸位來禮拜？所以我也不斷地默念觀世音菩薩聖號，祈求觀世音菩薩為諸位加被，為諸位祝福。但願諸位自己也常念觀世音菩薩聖號。

回顧去年，我們每一個人都是辛辛苦苦地度過了一年，我在這裡代表三寶向各位致慰問之意。去年的已經過去了，不管是成功或失敗，過去的已經過去了，從今年開始，是念念新生、步步高陞。

什麼叫作佛法

現在把今天的主題分段做介紹。第一，什麼叫作佛法？我們知道佛法是修行的方法、修行的道理。從一個普通的人漸漸走上成佛之道，在這過程之中我們需要用佛法做指標。它有三個條件：一、正信。二、正解。三、正行。

一、正信：正信跟迷信不一樣，迷信是沒有原因而有了結果；不是經過自己努力修行，卻希望突然間能得到某種成果或者證果，就是迷信。而確信一定要由因地的努力修行，而產生佛法受用的結果，則是正信。

二、正解：即正確的見解。舉凡合乎釋迦牟尼佛所說的原則並與佛法相應的正知、正見，都是正解。如果對佛法沒有正確的認識，是迷信亦是邪見。邪見不一定是殺人放火的念頭，而是不信因果，希望憑空獲得利益。有些人懷著碰碰運氣的心態，去爭取、追求不合理的利益，這也是邪見。

三、正行：即正當的行為。凡是利人利己的行為，都叫正行。為自利而損他叫作邪行；自利而不損他還可以算是正行。佛、菩薩為利益一切眾生，將自己的一切供養十方三寶，布施所有眾生，是正行的模範。而凡是破壞家庭、擾亂社會和傷害自己身心健康的行為都是邪行。

佛法的功能不外乎自利與利他。何謂自利？何謂利他？自利是指對自己的精神或身體能夠達到安身或安心的目的。許多人雖然物質生活十分享受，但內心卻非常矛盾，時常衝突、痛苦，這種生活是自我傷害，無益身心健康。因此禪修的功能，可以使我們身心平衡；物質生活雖然簡單、淡泊，但是身心健康。而從禪修的打坐中，可以達到安心的目的。如果心不安，身體能安嗎？而要心安，先要從觀念上疏導心中的種種矛盾。同時，打坐的方法可以使我們的心從混亂的狀態中逐漸歸於平靜。心裡平靜後才能夠進一步地除煩惱、增智慧。

何謂利他？利他可分為：一、消極的利他；二、積極的利他。經中有言：在我們接觸的環境中，如果有一位是正信的三寶弟子，乃至於僅僅稱念一句佛號、一經一偈，這個環境都會因此而得到平安。又說：假如這個世界，只剩下一人知道佛法，承認自己是佛教徒，這個世界也會因而得到大利益。這是消極的利他。也就是說，自己是佛教徒，縱然不會度眾生，但我們用佛法做為生活的依據和標準，再用禪定的方法來修行，至少在家庭生活方面不會產生困擾，可達到安家的作用。且對社會以及周遭環境仍有助益與貢獻。而積極的利他，是將自己的財物和知識、能力以佛法布施於他人之所需，為眾生解決問題，也就是菩薩利他行。

禪是修養身心的正法

禪是修養身心的正法，正法和邪法是相對的。邪法似是而非，看似有利實則有害。正法自利、利他，不但現在有益，而且永遠有益；對己有益，對他必然有益；對一個人有益，對所有一切眾生亦都有益。

智慧分有我的智慧及無我的智慧，禪的目的是無我的智慧。世間所說的智慧是以自我為中心，自我有大有小，有個人的自我、團體的自我、同類的自我，或是宇宙的自我，層次不一，而禪的修行是從有我至無我。無我是不以自我觀念為中心做有益眾生的事；並在種種與佛法相應的行為中，表現出智慧。而真正的無我即是智慧心。

禪修是安全的方法。但是，可能有很多人都聽過：打坐如果沒有老師指導，修不好會走火入魔的說法。這是方法和觀念不正確所導致的結果。因為禪的基礎觀念、方法和外道是相通的。用外道方法所得的種種利益，在禪的方法中都能產生。而外道修行法所產生的不良後果，在禪的修行中不應發生。因為禪修的方法、觀念正確，特別是心理觀念的指導，能夠使我們擺下身心的障礙，不執著於種種身心的現象反應，直向智慧之門；外道的修行方法特別重視身體、心理的反應，認為自已能夠羽化登仙、飛行自在、長生不老，這種觀念到現在還風行。可是千百年來尚未發現有人能夠不死；而在精神方面的反應，實際上都是神經的反射作用，在打坐到身心統一時就會有這些神祕現象，認為就是開悟、成佛了，這是顛倒、是著魔。禪修的方法是明朗、安全的，只要你的心態、觀念健康正確，就不會有事。

禪修的過程，是從小我的認定到自在的無我。所謂小我的認定，是能夠主宰自己，指揮自己。有這種把握的人有多少呢？通常的人都是身不由己，身心不自在，那還能作得了主嗎？諸位看到出家人打坐一小時、兩小時甚至幾個小時一直不動，看了也許很羨慕，或者心想這也沒什麼了不起，反正沒有事情做，坐在那邊好舒服。但是請諸位試試看，可能就坐不下去，第一身體無法適應，第二心不能平靜。要用禪的方法使心能集中，能夠即時指揮自己的心，叫它動就動，不動就不動，或者至少能做到知道自己在想什麼，要它不想就不想，能做到這一點也不錯；能夠做到外境出現不跟著跑，你的修行工夫已經相當不錯，但那只不過是能夠自主、控制小小的我而已。

有個弟子跟我說：「師父啊！我不會欺負人，因為是佛教徒嘛，欺負人是不對的，所以我能做到不欺負人，但是人家欺負我，我會生氣。」我問他：

「誰在受氣？」他說：「我啊！」「為什麼要受氣？」「他在欺負我啊！」我進一步說：「被人欺負你在受氣，你生氣是煩惱？是歡喜？是菩提？」他說：「當然不是菩提，不是智慧，而是煩惱。」我說：「既然知道是煩惱，你還自找煩惱，有沒有辦法讓它馬上停止？或者令它不起？」

所以我們仍要修，遇到煩惱時趕快先念阿彌陀佛。第一念煩惱現前，你沒有辦法停止，想不到要念阿彌陀佛，第二念想到：「啊！我的煩惱還在，這個時候趕快念阿彌陀佛還來得及。」那個弟子說：「佛教徒讓人家欺負，不是讓人家造罪嗎？」我說：「讓人家欺負，知道是被人家欺負，又沒有辦法叫他不欺負你，這個時候究竟要煩惱還是要智慧？當然要用智慧來處理。馬上反應，以牙還牙，以眼還眼，以拳還拳，以腳還腳，這樣你的煩惱加上他的煩惱，兩個人的煩惱合起來是雙倍的煩惱，煩惱倍倍增加，這是學佛的態度嗎？」因此禪的修行是要從個人的自我，漸漸地進一步到參禪，用參禪的方法破自我中心，從此不執著人我是非，這就是無我。所以《心經》講觀自在菩薩用深般若波羅蜜多來觀照，照見我們的內在生命和外在的世界全部都是空的，即是無我。能無我就能自在；自在的意思就是心無罣礙。只要不被人、事、物困擾，就能夠自在地利益他人、廣度眾生。

念佛法門

接下來講念佛，也就是淨土的念佛法門。初進佛門者，可以參禪可以念佛，但是佛法是法法相通的，入門後即等於是同浴佛法的大海裡了。念佛法門在中國流傳很廣、影響極深。在此我將分成一、念自佛、二、念他佛、三、念自他佛三方面來解釋念佛法門。

念自佛就是念我們自心的佛。所謂自性佛是禪宗的觀念，禪宗說一切眾生都有佛性，每一個眾生本心與佛無二無別，自心就是佛心。中國到了明朝有唯心淨土跟自性彌陀的觀念出現。自性彌陀是指當心中有阿彌陀佛，阿彌陀佛就在我們的心裡，不一定要過了十萬億佛國的西方才是阿彌陀佛的世界：而唯心淨土就是我們心裡沒有煩惱，沒有貪心、瞋心及無明的愚癡心，當下一念就和淨土相應，此時內心就是淨土，淨土就在自心。如果不念佛不修行，心中的佛被貪瞋癡等煩惱遮蓋住了，就無法顯現。那麼用什麼方法來修行呢？要勤念南無阿彌陀佛。心有所求，求不得即煩惱，貪心及瞋心往往就會出現，如果這種心出現了，要念阿彌陀佛。當我們念佛時，這種煩惱心便會被阿彌陀佛的佛號所取代，我們的心自然就會安靜下來，與佛和淨土接近，而慢慢地相應了。

念他佛，他佛就是心外佛。經典裡提到，極樂世界有阿彌陀佛，琉璃世界有藥師佛，兜率內院有彌勒佛。中國的大乘佛教大都是以這三種佛號，佛國淨土為往生的目標。但是念他佛不一定是為了求生西方，在沒有往生佛國以前，我們的身心已經因此而得到利益。佛是由菩薩成的，菩薩到處度眾生，我們為了現實的利益或者是解決困難，可以念佛也可以念菩薩；另外不管是希望往生淨土或者是完成現在的心願，都可以用念他佛的方法來修行。但是求他佛、念他佛往往也會帶來一些問題。例如最近有位太太帶她的兒子來看我，她說：「我這個兒子從小就不會讀書，現在已經初中畢業，要考高中了。師父啊！聽說你神通廣天，請師父幫我兒子的忙，只要我兒子能夠考上高中然後很順利地考取大學，要多少錢我都答應。」我看了她一下說：「妳有多少錢啊？」她說：「因為我就這一個兒子，你如果肯幫忙的話，可以全部給你。」她好像怕我嫌她的錢少。我告訴她：「錢妳留著，我如果有這種能力，就可以醫好臺灣及世界上所有智能障礙的人了，那多好啊！各人因緣如此，我無能為力。要幫妳兒子的忙，只有靠妳自己好好地替他布施、供養、念佛、用妳修行的功德迴向給他。給我錢沒有用，我沒有這種能力，就是有這個能力，這樣做的話，是外道的作法，成了邪教。」這位太太又問：「修行人都不幫我們的忙了，那佛菩薩也不會幫我們的忙了。」我說：「我沒有這樣說。要自助而人助，自助而天助，自助而佛菩薩助；一定要先自己修行，自己求，才能得到佛菩薩的感應。」

念自他佛，即是相信自己是能修行，是應該修行的人；並且相信修行後也一定可以成菩薩、成佛。那我們現在這些未來佛，要念什麼佛？念已成之佛，希望已成的佛幫助我們，用佛法啟示我們，指導我們，以佛法及佛的感應力、神通力、慈悲願力來接引我們，這個念力就叫作念自他佛。

佛法是自利又利他的。自利是屬小乘佛法；能夠利他，才是真正的菩薩行，才是大乘佛法。有佛法的地方就有佛教徒，有佛教徒的地方就在修持佛法，而修持佛法的表現就是自利和利他。如何自利？如何利他？有兩句佛法成語：「上求菩提道，下化度眾生。」上求不是為自己求，是為了下化一切眾生而求。能夠利他，必定對己有益，水漲一定船高，所以不要怕利他時對自己會有所損。

建設法鼓山的目標

今天歡迎諸位回來參加新春聯誼大會，一則讓我見見大家，同時也讓大家見見我，讓諸佛菩薩看到你們回來農禪寺，並且讓各位看看農禪寺有沒有什麼改變？藉此也向諸位報告一個好消息。為了「上求佛道，下化眾生」，為了使佛法能夠普遍推廣，並向高層次發展，我們在臺北縣金山鄉得到一塊地——法鼓山，做為我們佛研所及農禪寺的擴建用地。

歷史上佛教的寺院大都在山上，住的都是長期修行的出家人，在家居士最多去參加一、兩次法會，或是去參訪。現在的社會，佛教必須要普通化，一個道場必須是僧俗四眾共同修行和弘揚佛法的地方，這就是我們建設法鼓山的目標。

在近幾百年來的佛教，有兩個截然不同的方向。一個方向是研究佛經的人及懂得真正佛法的人，只有為數很少的法師和居士，沒有辦法對大眾提供利益。而這種人稀少，是因為佛教沒有注重培養做高深研究的人才。另外一個方向，就是迎合民間的一般要求，所以把佛教降低至神鬼這一層面。有人把釋迦牟尼佛和阿彌陀佛放在土地公的兩邊，這樣的佛教是不是正信的佛教呢？不是，這是民間信仰的一部分。像這樣的佛教徒占絕大多數。

諸位知不知道我有兩本書非常暢銷，一本是《正信的佛教》，一本是《學佛群疑》。但是我心裡並不覺得高興，因為寫這種書的人為什麼只有我一個呢？假如有一百個、兩百個人都能夠寫這種書，也都能夠受到普遍地歡迎，那正信的佛教就會普遍化，也不會把土地公和釋迦牟尼佛放在一起了。現在有很多地方都邀請法師、居士講經，宣揚佛法。一方面我很歡喜，一方面也覺得擔憂；歡喜的是有那麼多人需要佛法，擔憂的是講佛法的人太少，而且有一些人講的不是正確的佛法。

因此，我籲請有共同心願的法師和居士們，一起來推展法鼓山的弘法計畫。一方面培養研究佛教學術的高級人才，一方面用那些人才來培養出另一層次的弘法人才；再由弘法人才去普遍、廣大地宣揚佛教的道理和修行的方法。

這一次諸位回來參加聯誼大會，看到農禪寺好像變了，變得很興旺了，農禪寺興旺不是我個人的努力和光榮，而是農禪寺所有的出家眾和在家弟子們共同努力和護持的結果。農禪寺能夠為社會國家和這個世界提供多大的力量，這也是諸位的貢獻，不是個人能夠成就的，在此要謝謝諸位。

五年後，法鼓山的建設計畫完成時，可以預期的，對現在的佛教會有相當大的轉變，且以另一形式出現。但是那也要靠諸位的願心和努力的共同護持。我們的目標是要把彌勒佛的人間淨土、藥師佛的東方琉璃淨土以及阿彌陀佛的西方極樂淨土的精神融合起來，呈現在法鼓山。諸位來參與的人，不管是用財力、人力、智力或心力等力量來支援法鼓山，使得法鼓山早日完成，就是諸位的無量功德。

（刊於《人生》雜誌七十九期）

一九九一年新春園遊會開示

諸位法師、諸位貴賓：

今天是法鼓山中華佛學研究所舉辦的「八十年度提昇社會品質淨化人心新春園遊會」，我首先代表法鼓山的全體信眾及所有護持三寶的大眾向今天與會的諸上善人拜個晚年，恭祝各位身體健康、萬事如意。

前年和去年，我們曾在北投農禪寺舉辦過兩次的「新春信眾聯誼會」，因為信眾人數愈來愈多，大家感覺到農禪寺的地方愈來愈小不適合舉辦比較大型的園遊會，所以今年非常榮幸地商借到臺北市立中正高中，他們非但慷慨，也非常歡喜地將場地借給我們，我要向中正高中的江校長以及全體師生致最高的謝意。

中華佛學研究所歷史不久，法鼓山僅僅兩年，但是法鼓山所推動的理念「提昇人的品質，建設人間淨土」，卻很迅速地受到許多人的贊同，參與法鼓山推動佛化人間、淨化人間運動的信眾也愈來愈多。在此，我要向一切參與及到場參觀者致謝，並希望大家能夠給我們批評及指教，更歡迎大家來了解法鼓山是在做什麼事情，以及未來的發展。

振興佛教刻不容緩

佛教在中國受到千千萬萬人的信仰，也有很多的人因為信仰佛教，在精神上得到安慰及寄託，但是卻有更多的人誤會、誤解佛教；輕視、歧視佛教，這是因為佛教缺乏對人間的關懷、對社會過於冷漠所產生的結果。同時也是我們在推動佛法和弘揚通俗化佛法的力量不夠所造成的現象，法鼓山就是要推動既高深且普及化的佛法，使得佛教能夠如同釋迦牟尼佛時代及中國隋唐時期一樣地興盛，受到許多人的信仰。

臺灣是一個寶島，大家生活得十分幸福，全世界沒有一個地方像臺灣的佛教一樣，深受大眾的歡迎，這種普遍化、人間化的佛教活動在其他地區是少見的，我在日本的朋友就十分稱羨這種活動，亞洲地區的國家也很少舉辦過類似的活動。

在這裡，我要為臺灣兩千多萬的人民祈禱，祝福臺灣更富裕、更和平、更安定。

僅在臺灣這個地區講佛法是不夠的；僅以中國人身分談佛法也是不夠的，我們必須把佛法的眼光、佛法慈悲智慧的精神，從每一個人的心中推廣到每一個家庭，再推廣到所有人類活動的每一個角落，甚至到全中國、全世界。

敲打法鼓遍傳法音

法鼓山的鼓是讓大家來敲打的，敲打法鼓之後是希望能將佛法之音、佛法之鼓聲傳遞給每一個人，使每一個人能在煩惱之中得到清涼，在愚昧之中得到智慧。

法鼓山雖然是一個名詞、一個地方，但法鼓山的精神卻在每一位佛教徒的心中，只要我們信仰佛法，依佛法的精神來做事，我們自己就是敲打法鼓的鼓手。以今天在場主持節目的施健雄居士來說，他在中廣《草地人》節目中開闢「法鼓清風」的單元，經常傳播佛法給廣大的聽眾知道，他和他的工作同仁林耀欽及陳淑珠等就是法鼓山的鼓手。

事實上，每一位佛教徒就是敲法鼓的鼓手，只要我們念一句「阿彌陀佛」，或是勸任何人來念「阿彌陀佛」，就是法鼓山的鼓手。我祝福各位自己享用佛法，也要把佛法傳遞給他人用，要把我們每一個人看作是在法鼓山上敲打法鼓的鼓手，人人都是傳播佛法的菩薩，人人都能離開煩惱、證悟菩提，人人都能以智慧處理所有的問題、以慈悲關懷所有的人。

最後，我祝福各位新年如意、萬事順利、福慧增長！

（刊於《人生》雜誌九十一期）

佛法與生活

——一九九三年大專學佛夏令營結業詞

吳老師、諸位法師、諸位同學：時間過得非常快，諸位同學才來報到，一下子就是結業典禮了，各位同學都有賓至如歸的感受，甚至於有不想下山的這種留戀，這是我們感到非常欣慰的事。法鼓山今天還沒有建成，是因陋就簡地用搭的帳篷來招待諸位共同學習、共同聽聞佛法，諸位能夠在六天之後，不管是在哪一方面：身心方面也好，觀念方面也好，都有相當大的收穫和改變，這是我們感到非常高興的事；然而這不是我個人的奉獻，而是我們法鼓山全體的貢獻，不僅是我們中華佛學研究所老師和同學們努力的成果，也是諸位所有法鼓山會員們大家的希望和奉獻所得到的共同結果，因為中華佛學研究所本身是一無所有的，我自己本身也是赤手空拳，由於許多有共同心願的人來促成這共同弘法利生事業，所以我們要感謝的是所有支持法鼓山理念的一切菩薩們。

諸位今天在這個時間於「無盡燈」來象徵著點亮了各位心中智慧、慈悲的燈，即所謂的燈燈相傳，而這只是一個象徵。實際上，以剛才諸位同學代表著每一組做的心得報告之中，也已經聽到諸位有心，而且也有願地要把在這一星期中所學習到的、體驗到的帶回自己家中，然後帶到你們所生活的、讀書的、工作的天地裡，發揮法鼓山的理念和精神，這使我們感覺到沒有白費心力，我們也沒有浪費了信徒布施的心願，這是值得做的。同學們都希望還有回來的機會；也有很多同學希望每年都要辦像這樣子的大專學佛夏令營，同學們也希望以同樣的主題——佛法與生活，以這樣的主題每年地辦下去，而這也是我們法鼓山所希望做到的事；有的同學甚至於說這一次是來做學員，下一次則希望來做義工；有的同學說只要我們法鼓山需要你們的時候，你們隨時都願意接受徵召回來為推動法鼓山的理念而服務、奉獻，這使我感到非常地感動。

接著，我要感謝這次夏令營所有服務的人員：我們的營主任吳老師、總幹事純因師，所有佛研所的服務同學，以及農禪寺、法鼓山的常住眾們、義工菩薩們都辛苦了，我在這兒代表法鼓山為你們祝福，向你們致謝；同時我也代表法鼓山謝謝各位同學來參加這次學佛夏令營的活動，如果沒有你們來，我們這個學佛夏令營也就著不上力，所以一切的成就是由於你們同學們的參與，而我們才能夠有工作可做。這次的夏令營，我們雖然花了些錢，也投注了若干人力，但是非常地值得，今天，我們這個夏令營雖然只有一百二十位同學參加，可是我們每一位同學都是很年輕，每一位同學卻是未來佛門中的龍象人才；每一位同學都會為我們的佛教、為我們的佛法向未來的社會、今天的社會去傳播我們的佛法，使法鼓山的精神和理念燈燈相傳，那我們實在是一本萬利，實在是太值得做了。有人問我這次的夏令營，我希望能夠達成什麼樣的目標？我說我沒有目標，我只希望能夠奉獻我們所能夠奉獻的，而同學們能夠來接受，這就是我們的目標，至於其他所謂的回饋和怎樣地護持我們法鼓山，我沒有考慮到這個問題，行善是沒有目的的，奉獻是不求回饋的，我希望各位同學聽到我這句話，你們諸位將來也應以這樣的一種心態和認識來奉獻自己、成就大家，這也是我們法鼓山的精神。

最後祝福大家身心愉快。我們要在苦和無常的體驗中，同時地有法喜和禪悅的體驗，這樣子的話，我們的生活才會充滿了力量、希望和積極的精神，而不僅僅只是苦、是無常的，苦和無常是要以我們積極地修持佛法，以法喜中、禪悅中來得解脫，來解脫無常和苦這現實世界的煩惱。明天早上諸位就要下山了，今天晚上是一個非常溫馨、值得紀念的一個夜晚，希望諸位能將所學的好好地帶下山去，我的演講到這裡為止，阿彌陀佛。

（一九九三年八月十八日晚講於法鼓山園區，課程組張清二居士錄音，李天鳳居士整理，刊於《法鼓》雜誌四十五期）

關懷與和敬

——勉教師禪修營的學員菩薩

非常謝謝諸位老師在百忙中能夠回來參加今天的聯誼會。我今天的開示對諸位來講也許是新觀念，也許是已經聽過了。但是對我而言，卻是老生常談的話題，那就是：「今天大家所缺少的是什麼？」

轉變心念社會就有希望

今天，我們不是沒有飯吃，也不是沒有衣服穿，就算是無殼蝸牛，也不是沒有房子住，至於交通工具更是便利。四大民生問題，樣樣無缺，所缺少的是人與人之間彼此信賴的安全感、認同感與相互關懷的情誼。大家在這樣一個環境中，很容易變得疏離、對立或相互排擠。因為我們對時間的感覺太緊張、太緊促；對空間的感覺太擁擠、太狹隘，以致於心胸無法開朗、寬闊，不知道如何為自己找到一個所謂安身立命的立足點，以及具有將來性的期望和方向。大家你爭我奪、你擠我壓，在工作場所如此，在家庭裡也是如此，就整個社會面來講，更是如此。

媒體也有這個現象，經常報導一些聳人聽聞的社會消息，現在新聞界戲稱為「八卦新聞」、「八卦消息」。這些消息好像大家都覺得很需要，只要報紙、雜誌或電視、電台出現了這些消息，大家就喜歡搶來看。因此，為了市場的需求，就專門製造這類的新聞來滿足觀聽眾、讀者的欲望。

我們這個社會難道就真的壞到這種程度嗎？事實上，我們的社會並沒有亂到像媒體所說的那樣可怕，不過，人心卻因此而惴惴不安。究其原因，是因為大家心裡很無聊、很無奈，想要找點刺激，所以都在期待著，希望看到這些東西來填塞內心的空虛，因此為社會帶來了混亂的假相。如果能夠使我們那顆充斥著不安、茫然、無助、無聊、無奈以及易受環境左右的心，轉變成充滿著希望、方向、目標、立足點、安全感的觀念，我們的社會就會有希望。諸位都是中小學的教師，如何培育出具有健全人格、觀念、思想的國家主人翁，就有賴諸位老師往後的努力了。

我常常聽到有些家長們抱怨，現在的老師要教學生們尊師重道很不容易。當然也有一些辦教育的人，認為現在的老師要把每一個學生都照顧得很好，也很不容易。為什麼？第一，家長們認為現在的老師是一項職業，做老師的只要按時上下班，把書教好，能讓孩子順利畢業並且考上好的學校就好。至於孩子的人格、品德、思想、行為、未來，卻認為跟老師一點關係也沒有，這是不正確的想法。第二，大多數的老師認為現在的老師很難做，如果對學生稍微管教嚴格一點，就很可能會有麻煩。輕微的，家長只會到校長那裡去申訴；嚴重一點的，就告到警察局、法院了。這種種因素，使得現在的老師再也不像從前的老師那樣，有「一日為師，終身為父」的胸懷來培育學生了。

而且，現在的孩子因為得到的資訊有時候比大人還要快、還要多。有的是從媒體上看到的，有的是從街坊鄰居、朋友、同學之間得到的。所以我們現在跟小孩子說話，會很驚訝他們知道的比我們多，都快要趕不上他們了。像這樣的小孩，有的很聰明，反應很快，不容易管，也不容易教。

另外，現在的小孩會跟老師講理，喜歡追根究柢，一定要問為什麼；也會質疑這樣不公平，那樣不公平，為什麼要這樣教？為什麼不那樣教？……種種問題。這種求真的精神固然很好，值得鼓勵、嘉許，不過，失去了應有的人倫觀念，也是令人痛心的。

我做學生的時候，根本不敢向老師抗議；現在的學生，因為從小就要他們養成獨立、自主、自由、平等，樣樣都要爭取應有的權利。那時候，學生的權利只有讀書，其他的想都不敢想；現在的學生就是因為太講權利，於是造成了老師難為的現象。

孩子的心是可以改變的

我們法鼓山曾經和臺北縣教育局合作，辦了一次為期七天的國中中輟生訓練營，成效相當好。在這一個星期裡，我們實施「慈悲的教育」，不斷地給他們關懷，給他們鼓勵。為了讓這些中輟生得到適當的照顧，我們幾乎動用了二比一的人力來照顧他們。而且課程的安排也特地請教了一些有相關教學、輔導經驗的專家、老師們的意見，完全以他們的立場及需要來規畫，同時採用開放式、啟發式的教學方法，藉著彼此良性的互動，讓這些本質善良的孩子們有了宣洩情緒、溝通觀念的管道。

還有，我們也用境教來熏化他們。法鼓山清幽的環境、義工菩薩的巧心照顧、法師們殷切的關懷與疏導，配合著〈慈悲〉的樂音裊裊，他們原本冰冷的心解凍了。我在這首〈慈悲〉的歌詞中寫著「世界上沒有真正的壞人」，他們聽了很有同感，因為他們不是壞人。我們不斷地教他們唱這首歌，唱到最後他們流下了眼淚，因為他們從來沒有得到這樣溫馨的照顧。老師都認為他們是壞學生，家長也說他們是壞孩子，社會上的人也都用異樣的眼光看他們。

我們給他們的是慈悲的教育、愛的鼓勵，和真誠的關懷。一個星期之後，他們感恩的心出現了。有些學生希望再回去讀書，有的不想讀書但知道未來怎樣走出一條自己應該走的路。剛開始的一、二天，那些孩子都是非常地難帶，想盡辦法讓你對他生氣、失望。其實這些孩子都很聰明，就是要讓你看他不順眼而放棄他。但是經過一星期以後，他們有了很大的轉變。這種轉變讓人不敢置信。後來有人問我這些孩子真的有希望改變嗎？我說有。不過，必須要有愛心、耐心，還要投注很大的人力和時間，再加上慈悲心。孩子們的心是可以改變的。

當然，我們是兩個人照顧一個學生，你們是一個人照顧四、五十個學生，的確很難。我們只是一個星期集中式的營隊很好辦，但是你們諸位老師就像終身的義工，一個學期接著一個學期，永遠地奉獻下去，這是相當不容易的。所以孩子教不好就怪老師，這種想法是不應該的。事實上，老師也需要受到照顧和關懷，也要幫助他們成長，要不然在長時間的壓力下，老師自己終有一天也會精神崩潰，患上精神病，變成問題老師。

今天的教育體制沒有辦法滿足我們這個社會教育的需求，這不能單說是誰有問題，這個新時代的社會就是這樣。而且不光是臺灣，就是美國，這樣的問題也是層出不窮，老師也是無能為力。在美國，學生剪老師的頭髮、潑老師的水，每年在報紙上都可以看到數個案例。這種情形在臺灣也曾發生，想要完全改善是相當難的。以佛法的觀點來看，這也是大家的共業所感。若要徹底地改善，唯有正本清源，隨時隨地注意自己當下的身、口、意三業的清淨，不再造作惡業，讓未來保有一顆光明的種子。

以慈悲心相互關懷

有些學生本身就有心理上的問題，也許是他生長環境的問題，也許是學校的問題。在學校裡一位老師要帶四、五十個學生，光是認識所有學生的名字就要好多天；還要認識每一個學生的家庭背景，這確實是不簡單。以我來說，我寺裡的出家弟子家裡有什麼情況，我並不完全知道，而且我也沒辦法知道全部弟子的身心狀況。這些聽來好像很無奈，但諸位也不必失望。所謂「生公說法，頑石點頭」，凡事只要盡心盡力，出於慈悲心，並且持之以恆，一定會有所改善的。

我們法鼓山所推動的理念和方法，諸位也可以在您們學校裡嘗試著推動，我們今年度所推廣的是內部的關懷與成長。過去大家都是指望著師父一個人來關懷大家，可是，假設我一天接見一百名信眾，充其量也只能和一百個人個別談話，也只能關懷到這一百人而已。所以，從我這邊，我只能關懷到少數的人，不能夠真正地把關懷工作做好。我只能注意到整體的關懷工作，我不可能直接地一個個關懷。比較實際的作法是，我關懷少數協助我推動關懷工作的一群悅眾，也就是核心的幹部，然後再讓這些悅眾依照我關懷他們的方式和原則，去關懷其他的人。遵此原則，大家分層負責，關懷的工作就可以變成一個縱向的網狀體系，關懷的範圍就能夠擴大。

另外，也要推動橫向的關懷，換句話說，同一層級的人，彼此之間也要相互關懷。這幾個人就好像我們身上的器官，彼此是相關聯的、互動的，有困難應該是共同分擔，有成就應該是共同分享，有快樂也是共同分享。大家彼此互相照顧，分擔責任、勞苦和困難，也分享成果、快樂和榮譽，自然而然就會有凝聚力，共識就能產生。

我相信在諸位老師的班上都會有幾個表現優異的學生，不僅課業成績好，品行也好，乖巧、靈敏、懂事。諸位老師不妨試著讓這些學生來照顧其他的同學，藉著同學彼此的影響與學習，從小養成他們自動自發，樂於助人的好習性。

同時也可以考慮讓家長們相互照顧。學生家長中也會有一些人很熱心、也有愛心和公德心，像這樣的家長，不論是孩子的父母親，或是祖父母，都可以請他們來協助關懷其他的家長。如此，每一班級都有家長會，家長們平日可以互相聯誼，藉此也能相互關懷彼此的孩子。學生之間相互照顧，家長之間彼此關懷，這樣就能夠落實關懷的精神。

當然，每班一定會有幾個小朋友的根器較鈍、反應較差，任憑您再努力，他的成績依然沒有起色。縱然如此，我們還是要平等地照顧，也許要多花一點時間和耐心，麻煩的小孩是需要多花點精神照顧的。也許您用了兩倍、三倍、甚至四倍的時間，他還是班上的搗蛋鬼，不過，這仍然值得，因為付出的本身就是一種收穫，不一定非要有立竿見影的效果。照顧他們以後，即使沒有立即獲得改善，也不要馬上就失望，否則，就很可能錯失了導正這孩子的機會。

以「敬」、「和」誠心相待

接下來我想跟諸位老師分享「敬」、「和」兩個觀念，並且以這兩個觀念與大家共勉。

一、敬，「敬」就是尊敬、尊重。敬人者，人恆敬之。我們對家長要尊敬，對學生要尊重。學生再怎麼調皮、再怎麼不懂事，我們還是要尊重他。在老師與老師之間當然更要尊重，一方面因為是同事，一方面在學校裡要推動一項理念，一定要得到其他老師的認同與支持。否則，他不知道你在做什麼，他會猜疑，這樣反而會增加彼此之間的摩擦和衝突。所以，我們對老師要尊重，對學生也要尊重，對所有的人都需要以尊敬的態度來接觸、來溝通，各項人事才能暢通無礙。

二、和，「和」相當不容易做到。「和」不是要人家跟我和，而是我們自己要去跟人家和。「和」必須是站在一個低姿態的立場，還得扮演吃虧的角色。要達成「和」的目的，一定要有人能夠吃虧、願意吃虧。因為大多數的人都在想盡辦法、竭盡所能地爭取自己想要得到的東西，若缺少吃虧的心理準備，彼此之間就很難有相讓的風度。

我遇到好多信眾菩薩們都這麼說：「師父，您在廟裡講可以，您到我們的職場就行不通了。」這種想法我能夠體會，因為現在的生活環境就是這樣，三個人在一起，可能有兩個人是「物競天擇，適者生存」的心態。在如此競爭激烈的環境中，不爭，大概很難有生存的機會。

我生來就好像是應該出家做和尚的人。小時候家裡很窮，我的母親沒有糖果可以給我們小孩子當零食，有時候會分花生給我們，尤其是炒的花生，最好吃。每當母親分花生時，我的心裡還在想著母親分給我的是多還是少，我的一份花生早就被哥哥、姊姊搶走了。長大後，我學著打籃球，當隊友把球傳給我，我正在考慮是不是應該我接球的時候，球已經被人家接去了。所以，這樣的一個人還能夠在世上生存，大概只有做和尚這條路了。其實也未必真的如此，我的父母看到我老是搶不過人家，挺可憐的，最後總會多留一點花生給我。雖然搶不過人家，結果得到的卻是最多的。

世界上不公平的事情往往一開始看似不公平，但是到了最後還是公平的。有一句諺語：「吃虧就是占便宜。」所以不要太在意吃點小虧。眼前的明虧可以吃，暗虧吃不得；糊里糊塗的虧不要吃，清清楚楚的虧、大家知道的虧可以吃。若是迷迷糊糊地吃虧，會被當作冤大頭看，沒有任何的效益發生。吃虧時，人人都知道你吃虧了；當大多數的人都知道你吃了虧，你吃的虧就合算了。可能最初第一次、第二次吃虧的時候，人家認為你是一個冤大頭、一個傻瓜，因為你是佛教徒，所以才這般消極。人家爭取，你不爭；人家陞遷，你禮讓。

事實上未必盡然都是這樣，爭不爭取得看動機和效益。學佛的人爭取陞遷，是為了多一點機會服務他人；沒有這個職位，你服務的人數、層次、品質就比較差一點；有了這個職位，你服務的人數、層次、品質都會增長。這是為大多數人的公利，不是為自己的私利，為什麼不爭取？加薪要不要？當然要，只是不爭取不合理的；據理力爭、當仁不讓，這才是佛教徒。

但是，如果只有一個職位，同時有兩個人在爭取，這兩個人又旗鼓相當，其中一個是你，另一個不是佛教徒，你是爭、是讓？這時候你當然要讓。為什麼？因為如果爭到底，最後大家成了仇人，上級也很尷尬。倒不如你現在把機會讓給他，以後他會很感謝你的謙讓，人前人後讚歎你。況且這樣的安排對整個大局也是好的，和諧才能為大眾帶來福報。

像這樣的謙讓就是一種明虧。至於日後是否還會不會有機會？沒關係；官沒做成、錢沒賺到，但是你的人品、人緣、風度已經成功了，許多的人都會覺得你這個人的氣量果然非凡，這就是我們身為佛教徒應該做的本分。像這樣的謙讓就是一種明虧，當然要吃。

表現應有的風度

「和」跟「爭」要有分寸。和諧是要自己跟他人和，而不是要求他人來跟自己和。能夠放下身段，先讓三分，不堅持己見，就能與人和；你一分都不讓，就很不容易和了。自己凡事先讓三分，和了以後，對方漸漸也會讓步的。也很有可能十次之中有八次人家是不讓的，他幾乎是占盡了所有的便宜。因此，「讓」要有限度，不能夠讓到連自己都沒有路可走，沒有立場可站，這不是合情、合理、合宜的讓。

最近有一位皈依弟子來看我，他說他的老闆最近把他明陞暗降，他想乾脆就此辭職離開算了。我說你的老闆這樣的處置有沒有他的困難？他說他不知道老闆是不是有困難。我於是跟他說：「天下事是很難講的，不要為了這麼一個小小的過節，你就馬上對你的老闆產生了反感。你應該表現出你應有的風度，認為老闆的安排是對的。老闆需要你到哪個地方，你就到哪個地方。你是老闆的一顆棋子，老闆現在把你明陞暗降，說不定下一步可能有更好的安排，只是還沒讓你知道而已。」

人在不得意的時候，要有沉潛養息的觀念。化危機為轉機，從沒有希望變成有希望，從山窮水盡到柳暗花明。我告訴這位在家弟子，如果過了三年，老闆沒有再重用你，到那時候你再考慮提前退休也不遲，因為你的老闆大概已經不再需要你了。在這三年之中，老闆可能會另有其他的事業需要重用你的長才。

一般說來，老臣是最可靠的，他將你明陞暗降，你還是那麼忠誠，他一定還會考慮到你這個人的。他臨去之前說：「其實，我自己也是這麼想，只是不知道是不是應該這麼做，所以特地來請示師父。」我說：「你想得對，不要說你老闆把你動一下，就想馬上走路，這樣不好，做人也不是這樣做的。」

「敬」是為了「和」，我這位弟子為了達成「和」的目的，而尊重老闆的決定。這樣的人事安排，如果他馬上就直接地激烈反應，對老闆來說是非常難堪的事。反過來看，這樣的安排，如果因為他的禮讓而使得大家都平安無事，老闆會覺得這個人是識大體的人，是可託付重任的人。如果老闆對你的明陞暗降，目的是為了讓你離職，除了你當檢討自己的能力和為人外，也許老闆另有新人要用，你就可以離開了。

我對諸位老師沒有什麼好供養的，謹以今天的開示供養大家，一個是關懷，一個是「敬」與「和」；把敬、和做好，把關懷做好，諸位一定是一帆風順、平步青雲。祝福大家。

（一九九八年二月九日法鼓山教師聯誼會春節聯誼開示，呂宗憲居士整理，刊於《法鼓》雜誌一〇七—一〇九期）

新世紀全民祈福許願博覽會開幕詞

感恩李總統登輝先生親自蒞臨「新世紀全民祈福許願博覽會」，也感謝諸位長官、貴賓光臨會場，共同參與「我為你祝福」的全民運動。

我們相信，人類的良知，永遠不會磨滅；全民的希望，永遠不會落空。所以推出「我為你祝福」的全民運動。

我們相信，只要全民都有一顆「我為你祝福」的愛心，不論見到誰，不論親疏，乃至於是不懷好意的人，相遇之時，都能說一聲「我為你祝福」，你就能贏得友誼，同時也獲得了平安。

懇求全國上下，從今天起，大家都把「我為你祝福」這句話常常掛在嘴邊，把「我為你祝福」這句話常常記在心頭，我們的社會大眾就有福了。

為了響應李總統登輝先生所提倡的「心靈改革」運動，我們法鼓山推出了為全民祈福的許願、還願、祝福三部曲，創造臺灣新世紀的文化奇蹟。再一次地懇求全國上下，響應「我為你祝福」的社會運動。感恩！感謝！

（刊於《法鼓》雜誌一〇〇期）

與全體法鼓山菩薩共享殊榮

——聖嚴法師得獎感言

自一九九〇年得到好人好事八德獎，到這次的「國家公益獎」，我在國內所得獎項有十個，對於這些肯定，我始終覺得相當慚愧；因為能夠得獎，不是單憑我個人，而是法鼓山全體僧俗四眾為社會奉獻，共同為建設人間淨土所努力的成果；我聖嚴個人，只是被大家當作一個焦點。

雖然這獎項是頒發給我個人，但是，這項殊榮是屬於全體法鼓山的，更是全體佛教界的。事實上近幾年來，佛教徒因對心靈淨化的貢獻卓著，所以也常常在各社會公益領域獲得表揚。

在最近所得的兩個獎項中——中國傑人獎、國家公益獎，得獎者之中都有我的皈依弟子。上次是一位青年盲人音樂家曾宜臻；此次，則有兩位，一位是名建築師白省三，一位是大億企業的吳俊億，他們對於能與師父一起得獎，都感到相當光榮。但是身為師父的我，對於與弟子一起得獎，卻覺得很慚愧，因為這些殊榮，應該讓年輕人，以及對社會更有貢獻的人獲得，但我仍非常肯定獎項的設立及主辦單位的用心。

今年（一九九九）是法鼓山的「祝福平安年」，我們將在四月份舉辦「社會平安——十大傑出平安貢獻獎選拔活動」，希望各界以個人或團體推薦申請，不分宗教、職業、性別、年齡、國籍，凡是在這塊土地上，對平安運動有貢獻的人，都應該受到我們的尊敬，並感謝他們對社會的努力和貢獻，讓社會大眾來共襄盛舉。

從一連串的獲獎，到現在身為主辦單位和頒獎人，我個人的心情是完全相同的；所有獎項的設立都是為人間樹立楷模，為社會帶來正面的意義。

最後，我要感謝這些獎項的頒發和肯定，法鼓山會持續而積極推動關懷社會、淨化社會工作；不管得獎與否，都不會影響我們努力的方向。

（刊於《法鼓》雜誌一一〇期）

為人間樹立良好的楷模

——十大傑出平安貢獻獎

由媒體的報導得知，今日的臺灣社會無論經濟、政治、社會，乃至於家庭和個人，均充滿了不平安的氣氛。社會上的意外災難更是層出不窮，例如，交通事故、空難事件、職業災害等，乃至於到處都是垃圾問題、傳染病問題；還有精神壓力所產生的心理疾病，和肉體所生的各種癌症等所謂的時代病。由於個人主義的興起，導致不敬惜生命的風氣盛行，特別是年輕人的自殺率逐年升高，還有婚姻觸礁造成夫妻離異、家庭破碎等社會問題。這些現象，在在使得這個社會明顯地予人一種不平安的感覺。

事實上，這個時代並不是歷史上最壞的社會，臺灣也不是這個世界上最壞的地域，而我們中華民族也不是世界上最沒有道德觀念和倫理思想的民族。社會除了國家的法令，以及政治、軍事、經濟、衛生等各種措施的保障之外，民間亦有不少的個人或團體，不求聞達於世正在奉獻他們自己，維護著社會大眾的平安與幸福的生活。

平安，是人人所需要和所期待的，也都希望努力促成的願景。有鑑於這樣的願景，所以法鼓山訂定今年為「祝福平安年」，並推出「十大傑出平安貢獻獎」，以獎勵這些時時為社會的平安默默地奉獻自己的平安奉獻者。藉著選拔活動，讓法鼓山對這些傑出平安貢獻的人士及團體，表達我們由衷的感謝和敬佩，同時也希望以此獎項，喚起更多的人士來參與平安運動的推動，使我們從個人、家庭，乃至國家社會，都能獲得更多平安和幸福的保障。

法鼓山相信，人人皆可成為平安的貢獻者，因此此一獎項候選者的資格條件，並不設定種族、國籍、政黨、宗教、性別與年齡等條件限制。每位受獎者都是公開徵選的，每位評審委員也都是今日社會之中極有清譽並極具代表性的各界人士，得獎者須經初審、複審、決審始產生，因此選拔過程是絕對審慎、公正且相當具有代表性的。

在近百位推薦提供的個案中，雖然只能選出十個個案為得獎者，但是我們相信，不論得獎與否，所有參加選拔者都是值得我們社會全體大眾所效法、敬仰和推崇表揚獎勵的；我們也確信尚有不少的個人和團體，未被發現未受到推薦，雖然大家不知道他們的名字，他們仍然為了理想、目標在默默地奉獻著，也讓我們在這裡感謝他們。

最後再次感謝參與這次平安貢獻獎的所有工作人員、審查委員，以及每一位推薦人、候選者。當然中央政府李總統登輝先生、連副總統戰先生、行政院蕭院長萬長先生、劉副院長兆玄先生、內政部等各級長官的賜予指導和協助，總統府吳資政伯雄先生，還有熱心於這個獎項的諸位贊助者，在此也一併致上我們誠摯的謝意。

（刊於《法鼓》雜誌一一二期）

九十一年慈基會年報師父的話

從這些年來幾次的大災難，可以明顯看出臺灣是充滿溫暖與愛的，除了政府的作為外，臺灣民間更發揮極大的力量，分別從物質、金錢、人力等方面高度投入。尤其幾個佛教團體，更是救災行動中的中流砥柱，或許這是佛法興盛所帶給全臺灣的福分，法鼓山亦忝列其中，有幸能為臺灣甚至世界盡棉薄之力。

法鼓山自一九五六年起，在我的師父東初老人的時期，即秉持佛陀慈悲濟世的精神，對北投及鄰近地區以物資、金錢等做固定的濟貧事業，也長期在臺北榮民總醫院做貧病關懷慰訪。

一九八二年四月，隨著農禪寺信眾之增加，逐漸擴大社會之關懷層面，特於當時甫成立之福慧念佛會中設立福田組，也將關懷對象擴大至臺北縣市之慈善收容機構。

隨後更為了因應社會之變遷及考量逐步全面推動社會慈善救濟，於一九九九年九月初籌設「法鼓山社會福利慈善事業基金會」，更隨著不久發生之九二一大地震之催促，而積極向主管機關辦理申請，終在二〇〇一年一月獲准成立本慈善基金會，並將二〇〇一年一月為因應九二一震災之災後心靈重建而成立之「安心服務站」納入本慈善基金會之運作。從此，法鼓山在臺灣各種重大災難之救助上，就從未缺席，也在做中學之中，獲致些許績效，而逐漸獲得政府及社會各界之肯定。

法鼓山的成立和發展是為了「提倡全面教育」、「落實整體關懷」，故社會慈善事業是法鼓山一定要做的最基本慈濟工作，亦即在所推動的「大學院教育」、「大普化教育」、「大關懷教育」之三大教育中，慈善事業屬於「大關懷教育」之一環；再從法鼓山推動「心靈環保」的主軸理念而言，我們從事社會慈善是「精神重於物質」，而對社會急難是「救急不救窮」。因為當今之世，世界的動亂起因於人類心靈的貧窮，唯有心靈的徹底改造，才是徹底改善人類命運的不二法門。

（原刊於《九十一年慈基會年報》）

國家圖書館出版品預行編目資料

法鼓山的方向：弘化 / 聖嚴法師著 . --
初版 . -- 臺北市 : 法鼓文化 , 2019.01
面； 公分
ISBN 978-957-598-805-0 (平裝)

1. 釋聖嚴 2. 佛教說法 3. 佛教教化法

225.4　　107021986

人間淨土 41

法鼓山的方向：弘化

The Direction of Dharma Drum Mountain: Dharma Propagation Efforts

著者　聖嚴法師
出版　法鼓文化

總審訂　釋果毅
總監　釋果賢
總編輯　陳重光
編輯　林文理、詹忠謀、李書儀
內頁美編　陳珮瑄
地址　臺北市北投區公館路 186 號 5 樓
電話　(02)2893-4646
傳真　(02)2896-0731
網址　http://www.ddc.com.tw
E-mail　market@ddc.com.tw
讀者服務專線　(02)2896-1600
初版一刷　2019 年 1 月
建議售價　新臺幣 200 元
郵撥帳號　50013371
戶名　財團法人法鼓山文教基金會 — 法鼓文化
北美經銷處　紐約東初禪寺
Chan Meditation Center (New York, USA)
Tel: (718) 592-6593　Fax: (718) 592-0717

法鼓文化

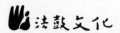